Así aprendieron a trabajar

å

Diseño de tapa:
MVZ ARGENTINA

OSCAR JUAN BLAKE

Así aprendieron a trabajar

Cómo se construyó la capacitación laboral en la Argentina

GRANICA

ARGENTINA - ESPAÑA - MÉXICO - CHILE - URUGUAY

ARGENTINA
Ediciones Granica S.A.
Lavalle 1634 3° G / C1048AAN Buenos Aires, Argentina
Tel.: +54 (11) 4374-1456 Fax: +54 (11) 4373-0669
granica.ar@granicaeditor.com
atencionaempresas@granicaeditor.com

MÉXICO
Ediciones Granica México S.A. de C.V.
Valle de Bravo N° 21 El Mirador Naucalpan - Edo. de Méx.
53050 Estado de México - México
Tel.: +52 (55) 5360-1010 Fax: +52 (55) 5360-1100
granica.mx@granicaeditor.com

URUGUAY
Ediciones Granica S.A.
Scoseria 2639 Bis
11300 Montevideo, Uruguay
Tel.: +59 (82) 712 4857 / +59 (82) 712 4858
granica.uy@granicaeditor.com

CHILE
granica.cl@granicaeditor.com
Tel.: +56 2 8107455

ESPAÑA
granica.es@granicaeditor.com
Tel.: +34 (93) 635 4120

www.granicaeditor.com

Blake, Oscar Juan
    Así aprendieron a trabajar : cómo se construyó
la capacitación laboral en la Argentina - 1a ed. -
Buenos Aires : Granica, 2008.
    224 p. ; 22x15 cm.

    ISBN 978-950-641-530-3

    1. Capacitación Laboral. I. Título
CDD 331.259

*A mis hijas Cristina Elsa y Sara Claudia,
partes importantes de mi propia historia*

ÍNDICE

PRÓLOGO

En realidad, la capacitación existió siempre.

En cualquier caso en que alguien llega a hacer algo que antes no sabía, existe algún proceso educativo que permite que tal cosa suceda.

Si nos aproximamos al estudio de formas más o menos organizadas que en la Argentina permitieron aprender a trabajar, encontramos datos muy antiguos.

Incluso antes de que el país existiera como tal, podemos mencionar entre los intentos más conocidos y destacables el de los misioneros jesuitas que, en el siglo XVII, instituyeron de manera bastante cuidadosa la enseñanza de las destrezas propias de la agricultura, la recolección de miel, la cría de ganado y las artesanías.

Transfirieron a los indígenas de la región métodos eficaces para cultivar maíz, mandioca, batata, caña de azúcar, legumbres, yerba mate y algodón y, con este, elaborar hilo y lienzo. Un dato muy interesante de este esfuerzo fue la guía para la construcción de instrumentos musicales y muebles. La gran disponibilidad de maderas en la zona de las misiones favoreció el desarrollo de estas actividades en la que los indígenas alcanzaron niveles comparables a los europeos.

Otro antecedente, durante el Virreinato del Río de la Plata, es el aprendizaje de los oficios vinculados con la navegación. El importante tránsito de navíos desde y hacia los puertos de Buenos Aires y Montevideo, sumado a la necesidad de mover la producción por los grandes ríos internos, requería personas hábiles para las reparaciones de los barcos averiados durante las duras travesías. Muy tempranamente, además, se descubrió la necesidad de formar capitanes y tripulantes. El mérito de ser el primero en advertir esta exigencia de forma explícita corresponde al Honorable Cabildo de la Ciudad de Buenos Aires que, en su informe del 28 de diciembre de 1771, dirigido al entonces gobernador Juan José de Vértiz y Salcedo –más tarde virrey–, expresa la sentida necesidad de fundar escuelas en que se enseñase geometría, náutica y mecánica naval.

Desgraciadamente, la guerra con Portugal impidió a Vértiz llegar a concretar su proyecto.

Es Manuel Belgrano quien con la creación en 1794 del Real Consulado de Industria y Comercio, retoma la idea. El 15 de junio de 1795, manifiesta que "... es forzoso se ponga igualmente como medio de la protección del comercio, una escuela de náutica, sin cuyos principios, nadie pudiese ser patrón de lancha en este río, y, además hubiese jóvenes de quien echar mano para las embarcaciones que vienen de España, caso de encontrarse sin piloto o pilotín".

El 30 de marzo de 1799 el Consulado acordó crear la Escuela de Náutica, tomando como modelo la de Cádiz y se designó como primer "examinador presidente" al teniente de navío Félix de Azara. Esta institución funciona hasta el día de hoy con el nombre de "Escuela Nacional de Náutica Manuel Belgrano".

A estos antecedentes, muy bien estudiados en otros textos, les podríamos agregar otros no menos meritorios, pero en esta obra queremos aproximarnos al problema con una perspectiva más acotada y que en la actualidad corresponde a lo que solemos llamar "capacitación".

Actualmente, cuando hablamos de "capacitación", en realidad nos estamos refiriendo a algo más que al "simple" hecho educativo. Lo hacemos para referirnos a procesos institucionales con algún grado de estructuración y con decisiones conscientes que responden al hecho de que una organización, cualquiera que sea, recurre de alguna manera a producir los aprendizajes indispensables para que la gente esté en condiciones de hacer lo que esa institución necesita que hagan.

¿Cómo sucedió esto en la Argentina? ¿Desde cuándo?

Probablemente a muchos les sorprenda saber que el primer caso que encontramos data de 1826 y que, además, llama la atención por la claridad con que los dirigentes de aquel momento intentaron utilizar la acción educativa como una herramienta estratégica para resolver un problema institucional.

La investigación sobre este primer caso movilizó mi interés en buscar otros que me permitieron elaborar este trabajo que no pretende ser completo, pero sí ilustrativo del valor que tiene la actividad que muchos hemos tomado por nuestra profesión.

Este libro no pretende ser "la historia de la capacitación en la Argentina". Se limita a describir algunos episodios o hechos que he podido identificar y que han resultado referentes importantes de una actividad fundamental en la vida de las organizaciones modernas.

Algunos de ellos están investigados con gran profundidad y fundamentados en registros fidedignos y documentos precisos, como es el caso del Banco Nacional en 1826. Otros se basan en trabajos de historiadores, mencionados como fuentes acreditadas. Otros más, responden a relatos de personas vinculadas de alguna manera a los hechos, que por lo mismo no se consideran rigurosamente fidedignos, aunque sí aportan curiosidades verosímiles y hasta la oportunidad de alguna sonrisa.

El criterio principal que he utilizado es el de buscar episodios relevantes en los cuales alguna empresa o sector de la actividad económica recurrió a la acción educativa para resolver algún desafío específico.

En la parte final de la obra se encuentran algunos capítulos donde, escapando un poco al criterio mencionado en el párrafo anterior, se describen procesos generales que resultan inevitables a la hora de configurar una visión enriquecida del desarrollo de esta actividad profesional hasta nuestros días.

Advertencias

Soy plenamente consciente de numerosas omisiones. Hay muchos temas de los que poseo o conozco material y que no están incorporados con el nivel de desarrollo que hubiese querido. Pido disculpas a amigos y colegas que me facilitaron la información por no haber podido hacerlo; pero las limitaciones de una publicación de este tipo me han impedido ir más allá de alguna mención. Ojalá podamos algún día publicar los trabajos completos.

También hay un número importante de casos antiguos que conozco y hubiese querido incorporar. No lo he hecho por idénticas razones.

También están las omisiones que responden a mi ignorancia y no a mi voluntad de exclusión. Esta restricción inevitable puede haberme llevado a cometer alguna injusticia que lamentaría mucho.

Me han dicho historiadores que han escrito obras similares y que me han ayudado mucho al no ser yo un profesional de esa disciplina, que tan pronto aparece el libro "llueven" llamadas y cartas donde se mencionan cosas que el autor ignoraba y que eran dignas de ser incorporadas, y avisan de errores en fechas o circunstancias. Agradeceré si así sucede. Me dicen que para resolver esto existen las "reediciones ampliadas y revisadas".

Si así no fuese, espero que otros autores puedan cubrir equivocaciones u omisiones. Nadie puede escribir la historia completa.

OSCAR JUAN BLAKE

CÓMO ESTÁ ORGANIZADA ESTA OBRA

Este trabajo tiene tres partes, claramente diferenciadas, con intenciones y formas diferentes, pero con un propósito común.

La primera parte, "El principio", está dedicada al ejemplo más antiguo que he encontrado de un Centro de Capacitación en el país, que data del año 1826.

Este caso se estudia a fondo; transcribo casi todos los documentos hallados, sorprendentemente abundantes a pesar de los años transcurridos, con la pretensión de satisfacer aun a los lectores más exigentes. Los que no sean muy aficionados a la historia pueden sentirse abrumados por tantos detalles, pero creo que valen la pena.

Termina esta parte con un análisis de las enseñanzas que nos deja este caso a los capacitadores de hoy.

En la segunda parte, "Testimonios de un pasado muy presente", encontrarán una serie de relatos de experiencias de capacitación sucedidas entre 1857 y 1913, todas ellas sumamente interesantes, llenas de curiosidades y no exentas de situaciones graciosas.

Dichas experiencias no están descriptas con el detalle y la precisión del episodio de 1826, pues tiene una intención más testimonial que analítica.

No obstante, y a pesar de que seguramente adolecen de algunos errores y no pocas omisiones, no carecen de rigor histórico y de ellas los capacitadores de hoy también podemos extraer interesantes lecciones.

En la tercera parte, "Desde entonces y hasta ahora" (es decir, hasta 2007), se presentan brevemente hechos fundamentales, sin más intención que la de señalar los hitos de un camino muy largo, transitado por miles de personas que han hecho este hoy en el cual los aprendizajes necesarios para poder llevar adelante los proyectos organizacionales han dejado de ser una curiosidad y constituyen una cuestión estratégica clave. Un desarrollo más amplio, con la información disponible, requeriría varios tomos como este. Algunos temas o casos son suficientemente ricos como para merecer una obra por sí mismos.

Es bueno saber de dónde venimos y quiénes hicieron posible que estemos donde estamos.

Parte 1
EL PRINCIPIO

INTRODUCCIÓN

Se desarrolla aquí el caso más antiguo que he encontrado: el de un Centro de Capacitación que data del año 1826, que nos deja una gran cantidad de enseñanzas.

Su estudio genera multitud de preguntas que me encantaría poder contestar. Deseo que alguna vez se encuentren las respuestas.

He transcripto casi todos los documentos encontrados, los que son sorprendentemente abundantes a pesar de los años que han transcurrido y cuya conservación es mérito de otros.

Al final del relato, como lo hago con el resto de los ejemplos seleccionados, presento un análisis de las enseñanzas que nos deja este caso a los capacitadores de hoy.

1.1. EL PRIMER PROGRAMA[1]
DE CAPACITACIÓN
REALIZADO EN LA ARGENTINA

EL BANCO NACIONAL

1826

Agradecimiento muy importante

Al final de este capítulo encontrarán un extenso listado bibliográfico de las obras consultadas para escribirlo, pero sería absolutamente injusto dejar de destacar que habría sido imposible el estudio amplio de este caso si no hubiesen preexistido una admirable tarea del destacado historiador arquitecto Alberto S. J. de Paula, director del Archivo y Museo Histórico del Banco de la Provincia de Buenos Aires, una cuidadosa conservación y ordenamiento de los documentos mencionados y, sobre todo, la Historia del Banco de la Provincia de Buenos Aires 1822-1997 que De Paula elaboró con Noemí M. Girbal Blacha y otros colaboradores y se publicó en 1997, de donde obtuve la mayor parte de la información.

La gran mayoría de los documentos originales a los que hago referencia se encuentran físicamente en el archivo del mencionado museo.

---

1. La calificación de "primer programa" puede ser provisoria; se trata, hasta el momento, del caso más antiguo que he encontrado en forma fidedigna, debidamente documentado y con datos confirmados.

El contexto histórico

El Banco Nacional, primer banco argentino, fundado el 6 de setiembre de 1822, tras diferentes etapas, permanece hasta hoy con el nombre de Banco de la Provincia de Buenos Aires.

En el año 1826, la situación del país era por demás difícil: las rencillas aún no resueltas entre las provincias gobernadas o influidas por fuertes caudillos, las dificultades para constituir un gobierno nacional hegemónico, la guerra con el Brasil por la posesión de la Banda Oriental y sus desastrosas consecuencias económicas conformaban un escenario complejo.

La resistencia de las provincias a integrarse plenamente a la organización nacional estaba sustentada en las rivalidades regionales y a su vez en el temor al creciente poder de Buenos Aires que no solo crecía demográfica sino también económicamente.

En 1824 la provincia de Buenos Aires tenía 143.000 pobladores, de los cuales 69.000 residían en la ciudad capital. Para establecer una comparación, recordemos que la segunda provincia, Córdoba, tenía 79.000 habitantes.

Los ingresos fiscales de Buenos Aires ascendían a $ 2.596.000, de los cuales $ 2.033.000 provenían de la Aduana del puerto, mientras que Córdoba reunía $ 70.200.

Desde el punto de vista político, la fuerte presencia de caudillos en casi todas las provincias, generaba un cuadro que conspiraba contra la unidad nacional. A esto se sumaba la emisión de monedas propias como factor de disgregación de la economía.

La economía se encontraba en fuerte crisis por los gastos que requería la guerra con el Brasil. La deuda pública adquirió grandes dimensiones, la emisión monetaria sin respaldo llegó a cifras incontrolables, el préstamo solicitado por Rivadavia a la Baring Brothers, destinado originalmente a la construcción del nuevo puerto de Buenos Aires, obras sanitarias en la ciudad y la fundación de pueblos en el interior, no cubrió esos propósitos.

La discutida Ley de Enfiteusis, que establecía la propiedad pública de las tierras sin dueño y su cesión a colonos mediante el pago de regalías, estaba atrapada en el problema de ser esas mismas tierras garantes de la deuda pública.

Esta situación hacía que las provincias resistiesen las transacciones en papel moneda y solo las aceptaban en metálico.

El Banco Nacional y sus problemas

En el momento en que sucede el episodio que narraré, presidía la institución don Juan Pedro de Aguirre.

Juan Pedro de Aguirre.
Presidente del Banco Nacional en 1826.

Cuadro del pintor Héctor Cartier.
Archivo del Museo "Arturo Jauretche"
del Banco de la Provincia
de Buenos Aires.

Juan Pedro de Aguirre nació en Buenos Aires el 19 de octubre de 1781 y falleció en la misma ciudad el 17 de julio de 1837.

Formó parte del Cuerpo de Patricios durante las Invasiones Inglesas tras las que fue distinguido por su valor en el combate. Fue alcalde de barrio y miembro de la Comisión de Guerra en 1816. Tuvo destacada actuación política y presidió la Legislatura de Buenos Aires en 1824 y 1825.

También fue un importante hombre de negocios: dueño de barracas, armador de barcos que se utilizaron como corsarios durante la guerra de la independencia y luego en la guerra con el Brasil, y pionero de la pesca en el Atlántico Sur, sus naves llegaban a las cercanías de la Antártida.

Tenía intereses en el sur del país, especialmente en Carmen de Patagones, único puerto alternativo de la época para llegar a Buenos Aires sin ingresar por el Río de la Plata.

Hombre destacado del mundo de las finanzas de aquellos tiempos, fue presidente en dos oportunidades del Honorable Directorio de lo que hoy conocemos como Banco de la Provincia de Buenos Aires. Su primera gestión –en la que fue precedido por Manuel José García y Guillermo Cartwright– abarcó desde el 15 de julio de 1822 al 23 de diciembre de 1824. En ese momento, el entonces llamado Banco de Buenos Ayres se reorganizó y tomó el nombre de Banco de las Provincias Unidas del Río de la Plata.

Su segunda presidencia, ya con la institución llamada provisoriamente Banco Nacional, y en cuyo transcurso suceden los hechos que se presentan aquí, se desarrolló entre el 22 de febrero de 1826 hasta el 11 de agosto del mismo año.

Lo sucedió Manuel de Arroyo y Pinedo quien lo hizo hasta el 25 de agosto de 1828.

La primera presidencia de Aguirre

En la sesión del 15 de julio de 1822, se designó presidente a Juan Pedro de Aguirre por "solo un espacio de tres meses". No obstante, permaneció en el cargo hasta diciembre de 1824, cuando renunció en circunstancias especiales.

En realidad, es necesario tener en cuenta que hasta ese momento el banco era una institución privada en proceso de transformarse en una sociedad mixta que, si bien tenía fuerte influencia en la economía y finanzas del país, al estar prácticamente en manos de banqueros ingleses y conformado su Directorio con ciudadanos de ese origen y otros locales fuertemente vinculados con los intereses de Londres, se dificultaba en forma notable la financiación de los enormes gastos que el Estado afrontaba para sostener la guerra con el Brasil.

El polémico préstamo que la sociedad inglesa Baring Brothers acordó con Rivadavia, estaba formalmente destinado a la financiación de obras públicas, especialmente la construcción de un puerto en Buenos Aires que mejorase las condiciones del comercio con Inglaterra y consecuentemente los valiosos ingresos aduaneros de la ciudad. Es necesario tener presente que la Aduana de Buenos Aires era la principal fuente de ingresos y un sólido instrumento del poder central, funcional a la concepción unitaria del gobierno de Rivadavia.

Lo cierto es que estos fondos eran utilizados para otros fines, tanto que el 11 de abril de 1825 se creó una comisión para "entretener productivamente el capital del empréstito destinado por la ley prestándolo a capitalistas industriosos"[2].

Esta situación sucedía en un contexto en el cual, ya desde el gobierno de Juan Gregorio de Las Heras, se discutía la necesidad de contar con un banco "realmente" nacional que sirviese con claridad a los intereses del Estado.

La discusión generó tensiones internas dentro del banco y fuertes debates entre los directores ingleses y los nacio-

---

2. De Paula, Alberto, Girbal Blacha, Noemí, et al.: *Historia del Banco de la Provincia de Buenos Aires. 1822-1927*, Tomo 1, págs. 62-63.

nales; entonces los inversores privados eran ingleses y los argentinos eran representantes del gobierno. Entre estos se encontraba Juan Pedro de Aguirre, cuya renuncia del 23 de diciembre de 1824 desató el proceso por el cual se reorganizaría la institución como una sociedad mixta entre el Estado y los inversores privados.

Segunda presidencia

La experiencia de la sociedad mixta no prosperó tanto como se esperaba en el contexto de enorme inflación y crisis monetaria provocadas por la guerra con el Brasil, y el gobierno resolvió avanzar dentro de una figura de sociedad mixta, pero con mayor control por parte del Estado. La ley que instituyó el Estatuto se sancionó el 28 de enero de 1826. Aunque recibió oficialmente el nombre de Banco de las Provincias Unidas del Río de la Plata, en toda la documentación se lo empezó a llamar Banco Nacional.

El 2 de febrero de 1826 se constituyó un nuevo Directorio del cual se designó presidente a Juan Pedro de Aguirre, función que asumió 20 días más tarde.

La crisis provocada por la demanda de fondos para la guerra hizo caer al banco, que aún mantenía su característica de empresa mixta, ante la imposibilidad de afrontar la demanda de oro, una posición sumamente comprometida.

En este contexto caducó la segunda presidencia de Aguirre, quien fue sucedido por Manuel de Arroyo y Pinedo.

Su renuncia obedeció a su desacuerdo con la política de "uso forzoso" del papel moneda, el cual no contaba con respaldo metálico, ya que todo el oro y la plata habían sido incautados por el gobierno para financiar la guerra, por lo que se había desatado un violento proceso inflacionario.

En este período, Aguirre destinó grandes esfuerzos a ordenar la operatoria del banco, reglamentar sus funciones, clasificar la clientela y preparar técnicamente al personal administrativo.

Uno de los problemas era la dificultad para cerrar los balances, tanto por la presencia en las provincias de diferentes monedas, como por la falta de un sistema de contabilidad capaz de administrar esa situación.

Antecedentes del problema del sistema de contabilidad

El Banco de Buenos Ayres se constituyó por iniciativa del gobernador de la provincia, brigadier general Martín Rodríguez, el 15 de enero de 1822. Fue su primer presidente don Manuel José García, quien ocupó ese cargo hasta el 18 de marzo. El Directorio se integró el 20 de marzo, y la institución comenzó sus operaciones el 6 de septiembre del mismo año.

El problema del sistema contable está tan presente desde el principio que en la primera acta del Directorio, del mismo 6 de septiembre, se asienta la recomendación de que "se ensayase un método sencillo y claro para las cuentas del establecimiento y que, después de comprobada su ventaja, se adoptase el más conveniente".

Durante los primeros diez días no hubo asientos de ningún tipo de las operaciones realizadas y recién el 16 de septiembre se concretó la apertura de los libros Diario y Mayor y se desarrolló un manual respecto a cómo llevarlos.

Un año después, el 6 de septiembre de 1823, el banco contaba con diez empleados administrativos y dos de mayordomía. En esa fecha se aprobó el Primer Reglamento Interno, que constaba de 54 artículos y en el cual, entre otras disposiciones, se estipulaban las funciones del agente, el contador, el tesorero y el tenedor de libros, todos los cuales reportaban al presidente.

El problema de los registros contables, que era ya difícil en Buenos Aires, se agravaba al pensar en un Banco Nacional que unificara los variados sistemas monetarios.

Buena parte del problema lo constituía el hecho de que había provincias en las que aún circulaban sus propias monedas, y algunas, como La Rioja, tenían incluso su propio sistema de acuñación. Tampoco existía claridad suficiente sobre las equivalencias de sus valores.

La unificación monetaria fue uno de los hechos relevantes en el proceso de integración nacional.

En relación a este problema, el Banco Nacional tomó diversas decisiones. Entre ellas se encuentra la que identificamos como el momento inicial de la *capacitación organizada* en la Argentina.

La decisión

Podemos conocer esta decisión gracias al acta de la reunión del Directorio del Banco Nacional del 25 de abril de 1826 que se transcribe en parte a continuación[3]. (Resalto con negritas el párrafo relativo a la capacitación.)

Buenos Aires 25 de abril de 1826.

Los Ss. Presidente y Directores Aguirre Molina, Capdevila, Saz, Costa, Uwaites, Rojas, Meyer Fragueiro, acordaron el descuento de setenta y seis letras, importantes seiscientos setenta y un mil trescientos cincuenta y cinco pesos, seis y tres cuartillos reales.
Se leyó una comunicación del Gobierno en que avisa haber nombrado para integrar la Junta de Directores del Banco a los Ss D. José Meyer, D. Faustino Lesica y D. Federico Guillermo Smaling. Se leyó otra avisando que el Banco sobrevea en la negociación de la Casa de la Moneda de La Rioja hasta mejor ocasión. Finalmente

---

3. La copia completa del acta se encuentra en el Anexo 1.

se leyó otra en que el Gobierno vuelve a reencargar el establecimiento de las cajas subalternas en las provincias.

El S. Presidente expresa que, conviniendo al Banco Nacional formar hombres hábiles en todas las operaciones de esta clase de establecimientos, nada habría más conveniente que dar un curso completo del sistema de contabilidad y operaciones del Banco a los subalternos del Banco Nacional, con el objeto de que algún día puedan ser remitidos a las cajas subalternas de las provincias, consiguiéndose uniformar en todas ellas por este medio el sistema de contabilidad lo que facilitaría los balances generales. Convencida la Junta de la utilidad de esta proposición acordó: que el S. Presidente disponga la ejecución del curso, asignando para los gastos que orijine la cantidad de ocho cientos pesos.

Fueron nombrados en comisión para tratar con el Director de la Casa de la Moneda, que ha venido de Inglaterra, a los Ss. Meyer, Uwaites y Rojas.

Firma de Juan Pedro de Aguirre en el acta transcripta.

Archivo del Museo "Arturo Jauretche" del Banco de la Provincia de Buenos Aires.

La institución de la Academia

La decisión se materializa rápidamente con la creación de la Academia de Contabilidad que fue dirigida por el profesor Amadeo Brodart, quien ya dictaba cursos de francés y de prácticas contables en el Colegio de Ciencias Morales que funcionaba en la actual Manzana de las Luces.

No es mucho lo que sabemos hasta ahora de este precursor de la capacitación empresaria en la Argentina, pero veamos algo de su trayectoria antes de asumir la dirección de la Academia de Contabilidad.

Las pocas afirmaciones fidedignas que podemos hacer han sido tomadas principalmente del libro de José Antonio Wilde *Buenos Aires desde setenta años atrás (1810 a 1880)*.

Sabemos que Brodart era francés, que hasta 1820 vivió en París, donde fundó una Escuela de Comercio que dejó de funcionar por razones "de índole administrativa".

Su llegada a Buenos Aires se puede ubicar a fines de 1824; el 11 de mayo de 1825 propuso al gobernador de Buenos Aires, Manuel Gregorio de Las Heras, el proyecto de repetir en Buenos Aires la experiencia educativa de París –agregando la enseñanza del idioma francés– como un medio de mejorar la opinión pública respecto de las escuelas de comercio[4].

Proponía que en dicha academia se enseñasen temas tales como aritmética comercial, cambios monetarios, teneduría de libros, usos mercantiles relacionados con la plaza de Buenos Aires, facturación, contratos, letras de cambio y otros afines.

El 4 de agosto de 1825, Las Heras aprobó el proyecto y decidió "Dar a dicha escuela la protección que corresponde, atendida la utilidad que debe reportar al país la propagación de los conocimientos mercantiles"[5]. Adicionalmente, decretó la participación de seis alumnos por cuenta del gobierno.

El curso en cuestión era anual, constaba de tres clases semanales y se dictaba en el Colegio de Ciencias Morales.

El valor de la matrícula era de tres onzas tanto para el curso de Francés como el Comercial, pero si la inscripción era a ambos, se reducía a cinco onzas.

---

4. Fuente: Cutolo, Vicente: *Diccionario de biografías argentinas*.
5. *Boletín informativo de la Subgerencia de Capacitación y Desarrollo del Recurso Humano*, Banco de la Pcia. de Bs. As., N° 1, 1984.

En 1826, Rivadavia designó a Brodart "catedrático de francés" distinguiendo el "método de hacer aprender de memoria trozos selectos de poesía, generalmente dramática" y porque "logró discípulos muy aventajados, especialmente en pronunciación"[6].

En 1827 estableció con Saint Amant un curso de perfeccionamiento del idioma francés que se tituló "Tardes literarias", de tres meses de duración y que tuvo muy buena recepción por parte del público culto de Buenos Aires.

Brodart también incursionó en el periodismo, como redactor de los *Almanaques* que se publicaron en Buenos Aires bajo la dirección de Juan J. M. Blondel. En 1834 fundó un periódico en francés llamado *L'Abeille* del que llegó a publicar 26 números.

En cuanto a su personalidad, Wilde anota: "... el señor Brodart, oficial francés, no sabemos de qué graduación, hombre de finos modales, de elegante figura, a pesar de haber perdido una pierna y servirse de una de palo. Ostentaba en el ojal de su levita el cintillo significativo de pertenecer a la Legión de Honor".

Wilde incluye a Brodart en una lista de "extranjeros de vasta instrucción y avezados en la enseñanza" que dirigieron instituciones educativas de la época.

Falleció en Buenos Aires en fecha desconocida, pobre y olvidado.

Los contenidos de la enseñanza de la Academia de Contabilidad

Ya designado director de la Academia, Brodart preparó una propuesta educativa que fue aprobada por el Banco y que el 6 de mayo de 1826, el Directorio puso en conocimiento del ministro de Hacienda Salvador María del Carril.

---

6. Ibíd.

Básicamente los contenidos del programa incluían, según ese documento[7]:

1. *Aritmética y nociones de álgebra suficientes a crear aptitudes para el cálculo.*
2. *Sistema de Contabilidad que abrace los accesorios de Teneduría de libros, operaciones del Banco, letras de cambio y billetes, pesos y medidas, monedas y lingotes y correspondencia oficial y particular.*
3. *Un buen tratado de la moral de este establecimiento y sus relaciones con la sociedad.*

La calidad de la propuesta educativa que hace Brodart es excepcional, aun analizada con los parámetros con que hoy evaluamos un proyecto de este tipo. Tanto la correlación que establece entre sus partes como la claridad con que vincula los conocimientos con las habilidades son un verdadero ejemplo de cómo se deben hacer las cosas, más allá de las dificultades que tenemos para comprender el lenguaje de la época en el que está expresada.

Los puntos transcriptos completan la trilogía de "conocimientos, habilidades y actitudes" que seguimos utilizando hasta el día de hoy en nuestros diseños educativos.

Bien vale la pena ver con detalles cómo se generó la propuesta de Brodart.

Tras la decisión del 25 de abril, el profesor Brodart, el presidente del banco, don Juan Pedro de Aguirre, y un funcionario llamado Manuel Núñez –quien llegaría a ser secretario del Directorio– comenzaron a trabajar.

Brodart escribió un texto que puede considerarse como la fundamentación de su proyecto. Incursiona también en aspectos que tienen que ver con el rol institucional que le corresponde a la Academia, un verdadero centro de capacitación.

------

7. Ibíd.

Como buen consultor, Brodart supo atribuir los méritos de la idea a su cliente y hacer una admirable venta de los beneficios antes de presentar el plan propiamente dicho.

El documento[8] es muy extenso, por lo tanto selecciono los párrafos más relevantes, respetando la redacción y ortografía de la época.

Señor Presidente:

El curso de Contabilidad de Hacienda y Administrativa que debo abrir en el Banco Nacional, siendo singularmente notable, tanto por su utilidad como por ser el primero de esta clase que se ha pensado poner en ejecución; me ha parecido exigir de mi algunas reflexiones preliminares.

Muy distante de proponerme derramar luces sobre una materia que vuestra merced y [el] caballero Núñez me han analizado con tanta ilustración y perspicacia, sino para convencer a Vuestra Merced que he hecho mío su pensamiento, le ha conocido y si se me permite decirlo, lo he penetrado en toda su extensión y fuerza.

En efecto me parece, si no me alucino, que el plan de nacionalizar a la letra de Buenos Aires, estableciendo en cada provincia divisiones hábilmente concertadas, proporcionará ventajas incalculables en el comercio de la República Argentina.

Parece que se podrá combinar este Banco general de modo que cada capital de las Provincias Unidas tenga su Banco, sus intereses, sus operaciones y administradores particulares y entretanto, establecer su cotejo en una proporción dada, de modo que en sus relaciones generales se dirijan a un mismo objeto. Los billetes, por ejemplo, serán por tanto de la misma forma, sin otra diferencia que el nombre de las ciudades y firmas de que estén suscriptos.

Montados en diferentes bancos, direlo así, sobre un mismo molde y teniendo todos un interés común, se proporcionarán un mutuo apoyo en vez de perjudicarse, como sería de temer: su crédito entonces aumentaría más y su influencia sobre el comercio sería en razón combinada de su poder reunido y de su acción directa en cada provincia.

---

8. Ibíd.

La enorme distancia de pueblo a pueblo, desaparece entonces a vista de la facilidad de los cambios.

La simple orden de un banco sobre otro bastaría al viajero y por secuencia natural de esta seguridad deseable, se vería pronto en toda extensión de la república de La Plata, las relaciones comerciales derramarse y ramificarse con una rapidez admirable.

En cuanto a la organización de los bancos provinciales, no habría más dificultades a mi juicio que en determinar bien sus relaciones entre sí y con el banco matriz, etcétera.

Ni me cargo, Señor, ni pretendo erigirme en hombre de Estado y funcionario profundo, he querido solamente hacer ver que entreveo las ventajas que se deben naturalmente esperar se recoja de la nueva organización proyectada e inspirar a vuestra merced la idea de que no seré capaz de concurrir, aunque directamente, a su ejecución.

Un poco más adelante, el profesor Brodart detalla su propuesta educativa:

...si se tratase ahora de formar de tal o cual plan del curso en cuestión o, por mejor decir, tratar los deberes que debe llenar la persona encargada de su dirección, véase aquí al que yo me referiría.

Después de una mirada rápida pero exacta del sistema de numeración y sus cuatro primeras reglas, se pasaría a la teoría de las fracciones en la que se demoraría más o menos, según la necesidad lo hiciese sentir; por una especie de recapitulación práctica, se pasaría a operaciones en que entraría la combinación de todas las reglas anteriormente establecidas y demostradas.

El estudio de los números complejos que seguiría, admitiría naturalmente la composición y descomposición de las monedas, pesos y medidas, tanto de Buenos Aires como de aquellas naciones con que Buenos Aires tiene relaciones más inmediatas.

Vendrán enseguida las proporciones y la teoría de sus diferentes combinaciones, lo que conduciría, por decirlo así, de derecho a la Álgebra, que se demostraría a los discípulos hasta las ecuaciones de segundo grado.

Volviendo sobre el objeto principal, se ocuparía de la reducción de las monedas, de sus pesos, títulos, de la regla conjunta y, en fin, de las combinaciones de los arbitrajes.

Últimamente, una teoría general y por fórmulas de intereses y descuentos, como la aplicación razonada de todas las reglas que pudieren resolverse para el empleo de las proporciones, cerraría el estudio teórico de la Aritmética.

Una segunda recapitulación pondría a los discípulos en estado de reflexionar sobre los principios, al tiempo que ofrecería la ocasión al profesor de indicarles la aplicación de la Álgebra a los problemas de la Aritmética, haciéndoles resaltar sus ventajas.

Es entonces solo que comenzaría la Contabilidad que creo que se debe llamar, por lo mismo, curso de Hacienda y de Administración.

Una vez iniciado el profesor en el sistema de Contabilidad para el Banco de Buenos Ayres, dispondrá sus discípulos de modo que cada uno sea, sucesivamente, encargado de diferentes detalles que formen entre sí un sistema de Banco, lo que se haría por medio de liquidaciones que podrían renovarse cada quince días.

El encargado de un detalle no podrá, en este caso, confiar la continuación de su trabajo a otro, sino después de haber sido balanceada su cuenta.

De este modo cada discípulo en vez de tener una idea parcial de la organización en grande de un Banco, podrá tenerla exacta y cabal: podrá pasar del estado de comisionado al de ejecutor de órdenes que se darán al jefe encargado de la dirección de un banco.

El profesor, en este segundo caso, hará el oficio de inspector nombrado de oficio por el Banco Nacional, para verificar la Contabilidad y determinar las relaciones con el Banco central con lo que, como se deja ver, cada [alumno] deberá tener al menos una cuenta corriente y de interés.

Véase aquí, señor, la idea que me he formado del curso en proyecto. Más adelante y cuando la experiencia me haya proporcionado sus luces podré, en cuanto esté a los alcances de mis facultades intelectuales, trazar este curso bajo de algunas consideraciones morales, relativas a las ventajas que él presenta y la influencia que puede ejercer en el orden social.

Sírvase Vuestra Merced entretanto, señor Presidente, recibir la aseguranza del respeto de este

Su servidor que su mano besa
A. Brodart.

Reproducción de la firma del documento citado.

Archivo del Museo "Arturo Jauretche" del Banco de la Provincia de Buenos Aires.

Paradójicamente, la debilidad de la propuesta estaba en la carencia de una acción estratégica adecuada, tal como se verá un poco más adelante. Al parecer, ni Brodart ni la dirección del banco vieron la importancia de establecer con los participantes un adecuando consenso sobre su compromiso con el proyecto y su aceptación de las condiciones en las que funcionaría la Academia. Y si alguien lo advirtió, no lo supo resolver.

Otras decisiones vinculadas con el proyecto

Como corresponde a todo análisis de un proyecto educativo, no podemos dejar de tener en cuenta otras decisiones vinculadas con el mismo problema que dio lugar a la creación de la Academia.

El Directorio del banco, en una de sus resoluciones complementarias, insiste en la "poderosa necesidad" de uniformar sistemas de trabajo entre las cajas subalternas, las comisionadas provinciales (por ese entonces aún llamadas "filiales"), la Casa de la Moneda y la Casa Central.

Las cajas subalternas se crearon a partir de 1823 y se siguieron abriendo hasta 1827.

El decreto define entre sus propósitos los de: "... promover las relaciones comerciales con esta plaza" y "dar mayor extensión a su giro y crédito". Además, se le asignaba a esas cajas la responsabilidad de "mantener la credibilidad del dinero" y "controlar el dinero y evitar la falsificación"[9].

Esta estrategia no tuvo éxito y las filiales se fueron cerrando sucesivamente hasta que en 1863 (40 años después), se retomó el criterio y, ya más avanzada la organización nacional, comenzaron a reabrirse.

Existieron dos tipos de cajas subalternas: las de las provincias y las "Comisionadas de la Provincia de Buenos Aires".

Las cajas de las provincias fueron:

- Concepción del Uruguay (1825)
- Catamarca (1826)
- Córdoba (1826)
- Corrientes (1826)
- La Rioja (1826)
- Mendoza (1826)
- Paraná (1826)
- Salta (1826)
- San Juan (1826)
- San Luis (1826)
- Santa Fe (1826)
- Tucumán (1826)
- Banda Oriental (1826)
- Jujuy (1827)
- Patagones (1827).

Las Comisionadas de la Provincia de Buenos Aires fueron:

- Arrecifes
- Baradero
- Carmen de Areco
- Chascomús
- Ensenada
- Lobos

---

9. Testimonio oral de Alberto de Paula.

- Monte
- Mercedes
- Navarro
- Pergamino
- Pilar
- Rojas
- Salto
- San Antonio de Areco
- San Fernando
- San Isidro
- San Nicolás
- San Pedro.

Demostrando preocupación por el desempeño de su personal, el Directorio afirma:

El rango con que debe figurar este establecimiento y las funciones a las que es llamado por las circunstancias presentes y futuras, demandan un caudal de luces nada común y que corresponde a la consideración que tan justamente van a obtener sus empleados.

Y más adelante:

... suplica al Excelentísimo señor Ministro de Hacienda se sirva elevar al conocimiento del Excelentísimo señor Presidente de la República a fin de obtener la cooperación de sus luces.
Al mismo tiempo, el Directorio se ha anticipado incluyendo en la contrata con Monsieur Brodart.

El presidente Rivadavia y su ministro de Hacienda, Salvador María del Carril, firmaron un decreto, el 9 de mayo de 1826, por el que se disponía que todos los empleados del Ministerio de Hacienda y de la Oficina de Contaduría asistieran también a esos cursos, a los que debían aportar un salario extra para el Sr. Brodart de trescientos pesos por año, que se sumaría al que pagaba el banco.

El funcionamiento de la Academia

La Academia funcionó en el edificio que había pertenecido al Real Consulado de Buenos Aires ubicado en la actual calle 25 de Mayo 137.

Fachada del Real Consulado de Buenos Aires, donde funcionó la Academia. Debajo de los balcones de la planta alta puede leerse: "Viva nuestro Rey Fernando Séptimo".

Archivo del Museo "Arturo Jauretche" del Banco de la Provincia de Buenos Aires.

Se adecuaron instalaciones en el edificio, incluyendo una "mesa pizarra" (hay un recibo firmado por Brodart el 24 de junio de 1826, donde consta que retiró $ 24,2 para comprar dicho mueble).

Como se verá, el lugar no era muy adecuado por tener en sus cercanías a la Casa de la Comedia, lugar destinado a las tertulias, antecesora de los cafés de Buenos Aires, y una "zona roja", característica de todo puerto.

Las clases se iniciaron con 19 participantes, provenientes tanto del banco como del Ministerio de Hacienda. La fecha más probable de iniciación de las clases es el 1 de junio de 1826. Se dictaban en horarios nocturnos, para permitir que los alumnos regresasen a sus casas después del trabajo a tomar una "rápida cena", antes de asistir a la Academia, y no todos los días.

Transcribo el decreto de Rivadavia y Salvador María del Carril por el que se ordena la participación en el curso de los empleados del Ministerio de Hacienda.

Al Colector General

Buenos Ayres Mayo 9 de 1826

Penetrado el Gobierno de la importancia de los objetos que se ha propuesto el Banco Nacional, cuando ha acordado el establecimiento de una Academia, para sus empleados, en la que se dictará un curso completo de Contabilidad, bajo la dirección del acreditado profesor Mr. Brodart, que abrace la aritmética, la algebra, teneduría de libros, operaciones de Banco, letras de cambio y billetes, pesos y medidas; monedas y lingotes; correspondencia oficial y particular y un breve tratado de la moral del establecimiento del Banco y sus relaciones con las de la administración de las rentas públicas, ha acordado y decreta:

1º Todos los empleados subalternos del Ministerio de Hacienda y oficinas, de Contaduría, Colectoría y recaudación de la Capital, seguirán el curso de Contabilidad en la Academia del banco Nacional.
2º Se acuerdan sobre el Tesoro público 300 pesos anuales, de gratificación al profesor Mr. Brodart, sobre el sueldo que perciba del Banco Nacional.

El Ministro de Hacienda queda encargado de la egecución de este decreto que se insertará en el Registro Nacional.

Rivadavia
Salvador María del Carril

El curso tropezó con serias dificultades de asistencia. El 31 de julio de 1826, Brodart presentó el siguiente informe cuyo original[10] se encuentra en el Museo del Banco de la Provincia de Buenos Aires.

---

10. En el Anexo 2 se reproduce una copia facsimilar completa de este informe.

Curso académico de Contabilidad y Hacienda
Mes de Julio de 1826

Razón de los individuos del Banco que deben asistir a dicho curso

Nombre de los señores	Asistencia	Observaciones
Dn. Ana	Ha faltado algunas veces	
Dn. Acosta	Ib.	
Dn. Rodríguez	Ha faltado, pero por enfermo	Excelente sujeto que me tomé la libertad de señalarlo de la particular atención del Señor Presidente.
Dn. Gándara	Ha faltado algunas veces	
Dn. Berro	Asiste regularmente	
Dn. Mutis	Ib.	
Dn. Echavarría	Ib.	
Dn. Munilla	Ha faltado algunas veces	
Dn. Robles	No viene	
Dn. Sambrano	Viene de tiempo en tiempo	
Dn. León González	No viene	
Dn. Montalbo	Ib.	
Dn. Terry	Ib.	Creo que este Señor puede dejar de asistir al curso hasta que lleguemos a teneduría de libros.
Dn. J. Rodríguez	Ha faltado pocas veces	
Dn. Pedro Ximénez	No viene	
Dn. Balbín	Regularmente	Misma observación del Señor Terry.
Dn. Shel	No viene	
Dn. Posse	Ib.	
Dn. Regaval	Ib.	

Buenos Aires, 31 de julio de 1826

A. Brodart

Tras esta poco alentadora evaluación, Brodart presentó una queja donde menciona el horario como la principal causa de inasistencia, entre otras que no carecen de cierta gracia. Los estudiantes que provenían del Ministerio de Hacienda fueron apercibidos por el gobierno en julio de 1826 en los siguientes términos.

Habiendo manifestado el Director de la Academia de Contabilidad establecida por el Banco Nacional, la falta de concurrencia de los empleados en las diversas oficinas de Hacienda a la aula que preside y queriendo el Gobierno se observe lo dispuesto a este respecto por el Decreto del 9 de Mayo último, ha acordado que los individuos a quienes el comprende, que no asistan cuatro veces consecutivas, sin aviso al Preceptor, sean removidos de sus empleos.
Se avisa a la Contaduría general para que haga saber esta determinación a quienes corresponde.

Buenos Ayres Julio 26 de 1826

Salvador María del Carril

Más allá de los problemas de horarios y otros atractivos cercanos y mayores que estudiar un sistema de contabilidad, todo indica que los errores estratégicos minaron las posibilidades de éxito del proyecto.

¿Deseaban los estudiantes "ser remitidos a las cajas subalternas de las provincias"[11], tal como se determinó el 25 de abril? ¿Era esta una propuesta atractiva para ellos? ¿Lo sabían y lo habían aceptado sus familias? Todo esto parece poco probable y más allá de las coloridas circunstancias que rodeaban a la Academia, es muy posible que estas cuestiones hayan pesado en las dificultades del proyecto. Con nuestra perspectiva actual, es muy claro que todo proyecto de este tipo necesita estar precedido de un fuerte acuerdo político de los participantes.

---

11. Libro de Actas del Banco de la Pcia. de Bs. As.

Los fondos asignados al proyecto no fueron pocos, ya que sumando los 800 pesos originalmente destinados por el Banco y los 300 pesos asignados por el Ministerio de Hacienda, sumaban un monto equivalente a unos 10.000 dólares del año 2000.

La declinación del proyecto

La vida de la Academia fue efímera. El 31 de octubre de 1826, Brodart dirigió al presidente del banco un informe en el cual analizaba, con asombrosos detalles, las razones del fracaso del intento. Surge del texto que para esa fecha ya había tomado la decisión de suspender el curso.

Allí identifica los problemas con los que tuvo que luchar, señala algunas causas y califica como contraproducente el haber establecido la obligatoriedad de asistencia, destacando la conveniencia de la asistencia voluntaria de parte de quienes estuviesen realmente interesados; recomienda también un régimen de mejoras salariales o un plan de carrera para estimular el aprendizaje, de modo de atraer a los recursos humanos más capacitados.

Buenos Ayres Octubre 31 1826

Señor Presidente

Los proyectos más bien concebidos, las mejores intenciones no llegan siempre a tener el resultado favorable que se esperaba.

Así es que el plan de un Curso Académico en el que la teoría general de las operaciones de banco y de comercio serían sucesivamente enseñadas, se presentaba bajo mi aspecto, tan evidente de utilidad pública que era natural prometerse sacar de ello las más prontas y preciosas ventajas.

Más, sucede muchas veces que no es por los casos principales que suelen fallar los mejores planes, sino por causas segundarias que, por eso mismo escapan muy facilmente a la sagacidad mas exercitada.

Asi es, Señor Presidente. Que el curso Academico, fue herido de muerte (Si puedo expresarme así) casi desde el primer día de su apertura. Entre las varias causas que han contribuído a ello, no trepido en mirar como la principal, la asistencia violentada de la mayor parte de los Señores Empleados.

El arbitrio, como se sabe, aún cuando está establecido en el interés de aquellos que son el objeto de ello, no deja por esto de llevar consigo un no se que de repugnante que nos inclina mas bien a procurar descubrir los defectos de la cosa que los motivó, por muy pequeños que sean, que a reconocer las ventajas que se puedan sacar de ello.

Añadiré además con una franqueza que se me perdonará sin duda, pues no llevo la intención de ofender a nadie, que el Curso Académico ha carecido desde su apertura de dos cosas indispensables a mi parecer, a saber:

1º. De una disciplina establecida sobre bases fijas y justas.
2º. De estímulo que da un premio cualquiera ofrecido a una asistencia continua y a un trabajo fructuoso. Según esto me parece, que si al abrir el curso se hubiese anunciado positivamente que todo empleado que después de acabado el curso, presentaría un certificado afirmando no solo que él ha asistido exactamente a dicho curso, pero también con distinción; o se le abonaría un aumento en su sueldo como acreedor de ello por su nuevo mérito o a lo menos, la certitud de ocupar, a exclusión de otros, las vacantes en las varias administraciones del Gobierno o los empleos que se crearían en adelante.

Esta idea que necesitaría mucho más desarrollo, no puedo sino indicarla por la dificultad que experimento de expresarme en un idioma que no es el mío; pero en descanso en la alta penetración de mi Señor Presidente, que sabrá suplir, sin duda, a los detalles que faltan.
Se podría añadir también que hubiera sido preciso establecer dos divisiones, mas para esto hubiera sido preciso que el amor a la comedia, a las tertulias.... no se antepusiese a el del trabajo, como la experiencia lo dejo ver demasiado claro.
Es verdad que esta hora de la noche era muy incómoda principalmente para los señores empleados del Gobierno, como que ellos saliendo muy tarde, no tenían los días de Academia, las mas veces, sino el tiempo para comer muy de prisa, sin que les fuese lícito vagar a los negocios que suelen tener unos hombres casados o de algunas circunstancias, pero se debe confesar que esto no era un mo-

tivo suficiente para dejar de asistir al curso, tanto más que no sucedía todos los días, además que el menor paso que ellos hubiesen dado a ese respecto hubiera allanado esa dificultad.

Me entrego a estos pormenores, Señor Presidente, para hacer ver que si por una parte ha habido una flojedad reprehensible en la mayor parte de los señores académicos, por otra parte puede ver que esta misma flojedad no hubiera sido tan general si se hubiese señalado otra hora o si se hubiesen tomada, desde luego, las medidas mencionadas o otras, pero con el mismo objeto.

Estos motivos ponderados de antemano me han determinado a suspender el curso Académico, pero por poco que se me aliente a eso entiendo utilizar mis actos, componiendo un curso completo que podría imprimirse hoja por hoja, en un número de ejemplares, conforme lo permitirían las circunstancias en que nos hallaríamos a esta época (el 1° de marzo por ejemplo)

Esto animaría mucho a los discípulos y facilitaría mucho al catedrático para cumplir más fácilmente con sus obligaciones.

Entre tanto, Señor Presidente, me pongo a las órdenes de Ud. en el caso de que Ud. juzgue conveniente pedirme de viva voz algunos mas estrechos detalles, suplicandole además, se sirva recibir la seguridad del más profundo respeto de su servidor.

q. S. M. B.
*A. **Brodart***
Calle de la Reconquista n° 75

Posteriormente, en 1827, en el contexto de una terrible recesión de sus actividades, fruto de la crisis económica y financiera desatada por el conflicto con el Brasil, el banco resolvió suspender su proyecto vinculado con las cajas subalternas y, consecuentemente, la formación de quienes estarían destinados a ellas.

Esta decisión fue tomada por el presidente que sucedió a Juan Pedro de Aguirre, don Manuel de Arroyo y Pinedo.

En ese mismo año, y tal como surge del documento transcripto más arriba, hubo un nuevo intento de Brodart de retomar la actividad formativa a partir de marzo, incorporando material escrito, pero no prosperó.

No obstante esta "frustración", es evidente el aporte del esfuerzo, puesto que los tres participantes que mejor desempeño tuvieron lograron realizar brillantes carreras dentro del banco.

Los participantes y su trayectoria

En la lista de evaluación presentada por Brodart el 31 de julio de 1826, figuran, con pocas excepciones, solo los apellidos de los participantes. A continuación detallamos sus nombres completos.

- Rafael Rúa
- Narciso Acosta
- Simón Rodríguez
- Francisco Gándara
- Pedro Berro
- Francisco Antonio Mutis
- José María Echavarría
- Juan Munilla
- José María Robles
- Francisco Sambrano
- Leonardo González
- Bartolomé Montalvo
- Manuel Terry
- José Rodríguez
- Policarpo Ximénez
- Francisco Balbín
- Dn Shel (no se encuentran otros datos)
- José María de Regaval
- José María Posse

Algunos de ellos tuvieron destacada actuación y carrera en el banco, entre ellos los tres cuyas reseñas resumo a continuación.

Manuel Terry

Nacido en 1803, había ingresado en marzo de 1826 como oficial de la Mesa de Cálculo y fue designado posteriormente contador de la Caja Subalterna de Salta (probablemente, el único de los egresados que efectivamente llegó a desempeñarse en una filial).

A los 27 años, en 1830, fue designado contador del banco, y regresó a Buenos Aires.

Pese a su excelente desempeño, fue separado del cargo por Juan Manuel de Rosas en 1840 por su simpatía con las ideas unitarias y por ser acusado de activista. Pero en 1850, el mismo Rosas lo indultó y dispuso su reintegro al puesto y el pago de los sueldos de los diez años en que había estado exonerado.

Continuó en su cargo hasta su jubilación en 1866 (¡el banco ya tenía un sistema jubilatorio propio en 1866!) y falleció en 1874.

Un dato interesante es que fue padre de uno de los primeros economistas destacados del país, José Antonio Terry, quien se casó con Sotera Costa y trascendió por ser el autor del *Manual de Finanzas Públicas,* la primera obra publicada en el país sobre el tema.

También fue un prolífico escritor y analista de los episodios conocidos como "la crisis de 1890" y llegó a ocupar el cargo de ministro de Hacienda.

Simón Rodríguez

Este participante, de excelente asistencia, ya que se menciona que "solo faltaba por enfermedad", había ingresado en marzo de 1826 como oficial de la Mesa de Billetes y llegó a desempeñar el cargo de veedor de la Imprenta, lugar donde se imprimían los billetes. Este puesto requería no solo idoneidad, sino también gran confianza. Se mantuvo en esa función hasta su fallecimiento en 1837.

Francisco Balbín

Nacido en Buenos Aires, ingresó al banco en 1826 como numerador y firmante de billetes. Llegó a integrar el Directorio durante varios períodos entre los años 1863 y 1878.

Dejó esa posición a fines de 1872, para ser el primer presidente del Banco Hipotecario de la Provincia de Buenos Aires, que posteriormente ocupó el edificio que hoy es sede del Rectorado de la Universidad Nacional de La Plata.

Fue un destacado comerciante y tuvo abundante actuación pública; fue diputado a la Legislatura de Buenos Aires en 1852; participó en los acuerdos de San Nicolás.

El 10 de julio de 1854, fundó la Bolsa de Comercio de Buenos Aires de la que fue presidente.

Fue director del Ferrocarril del Oeste, entre otros cargos.

Se domicilió en la actual calle San Martín entre Tucumán y Viamonte de la ciudad de Buenos Aires.

En la casa matriz del actual Banco de la Provincia de Buenos Aires en la ciudad de La Plata, en el despacho del presidente, se encuentra un retrato al óleo de Francisco Balbín.

Enseñanzas con la perspectiva actual de la capacitación

La primera lección que nos da este episodio es que, si lo contásemos en lenguaje actual, podría creerse que pertenece a nuestros tiempos. Esto indica que hay una serie de cuestiones que son propias de los procesos de capacitación, cualquiera sea su momento, situación, o personas y que, por lo tanto, corresponden a lo esencial de su gestión.

Para nuestros antecesores las cosas tampoco fueron tan fáciles y, así como tuvieron aciertos que nos asombran por su calidad, también cometieron errores cuyas consecuencias bien vale la pena tener aún hoy en cuenta como advertencia.

Los aciertos

Lo primero a destacar es la claridad con la cual un proyecto educativo se instalaba dentro de un proyecto institucional. Había un problema muy claro *(no se podían cerrar los balances)*, una decisión política fuerte *(unificar el sistema monetario para controlarlo)*, un objetivo preciso *(instalar un sistema contable común)*, absoluta conciencia de que esto sería imposible sin personas que supieran hacerlo y de **que no contaban con ellas**. En este marco, la decisión de abrir la Academia encajaba con toda exactitud con la meta total.

La calidad educativa del plan de Brodart nos muestra que supo ver más allá de la necesidad de "enseñar un sistema de contabilidad". Brodart entendió que sin ciertos conocimientos de matemáticas, álgebra, cálculo, etcétera, el sistema sería inoperable. Distinguió el nivel de habilidades por encima de los conocimientos requeridos al observar que se trataba de componer una "gestión" en las cajas subalternas. Finalmente percibió, en idéntica dirección, que sin un conjunto de actitudes *(un buen tratado de la moral de este establecimiento y sus relaciones con la sociedad)* la formación estaría incompleta.

También sorprende la comprensión de las necesidades políticas del banco y sus directores.

Los errores

Se necesitaría un análisis histórico más amplio para identificar todas las causas que determinaron el fracaso del proyecto, las cuales, sin ninguna duda, excedían la cuestión simplemente educativa. Pero aprendamos que la viabilidad de un proceso de capacitación está fuertemente ligada a la viabilidad del proyecto organizacional que la contiene.

Aprendamos que es muy difícil, si no imposible, llevar adelante un proyecto educativo sin un consentimiento claro de los participantes sobre lo que deberán hacer con aquello que están aprendiendo, sus razones y circunstancias. La motivación para el aprendizaje está estrechamente relacionada con el interés en el destino del aprendizaje.

Aprendamos que una brillante propuesta educativa, como la desarrollada por Brodart, necesita de una estrategia idénticamente correcta para ser llevada a la práctica.

La decisión de desarrollar las clases fuera del horario de trabajo invadió un espacio personal que poco contribuyó al interés de los participantes. Es cierto que hay situaciones en las que es imposible realizar las actividades dentro del tiempo laboral, pero aprendamos que en estos casos solo podemos esperar buenos resultados si los participantes tienen un elevado interés en aquello que el proceso educativo les aportará.

Si bien es muy difícil evaluar con amplitud el episodio en sus aspectos institucionales, resulta evidente que la intervención desacertada del poder político, con amenazas de despidos por cuestiones de inasistencias o cosas parecidas, son claramente contraproducentes a los fines del aprendizaje.

Más allá de las bromas que podamos hacer sobre la competencia entre el atractivo de tener que aprender un sistema de contabilidad en horario nocturno, contra el atractivo de la Casa de la Comedia, las tertulias, la "zona roja" y la desatención que tal horario exigía "a los negocios que suelen tener unos hombres casados"[12], es muy claro que el entorno es un condicionante a tener muy en cuenta en el diseño de los procesos de capacitación.

Fuentes

"Antecedentes históricos de nuestra enseñanza comercial", en *Revista de la Universidad de Buenos Aires*, enero / marzo de 1947.

Archivo y museo histórico del Banco de la Provincia de Buenos Aires "Dr. Arturo Jauretche". Sarmiento 362. Capital Federal. Personas consultadas que facilitaron el acceso a la documentación: arquitecto Alberto S. J. de Paula, bibliotecario nacional Alejandro Abate, Dr. Martí y profesora Silvia Paradela.

---

12. Informe de Brodart, 8 de octubre de 1825.

Buenos Aires desde setenta años atrás – 1810 a 1880, de Eduardo Wilde, Espasa Calpe, Buenos Aires, 1881.

Nuevo diccionario biográfico argentino (1750-1930), de Vicente Cutolo, Buenos Aires, Edit. Elche. 7 tomos, editados entre 1968 y 1985.

El Banco de la Nación Argentina en su cincuentenario, Buenos Aires, 1941.

Historia del Banco de la Provincia de Buenos Aires - 1822-1927. Tomo 1 - 1997. Alberto de Paula, Noemí Girbal Blacha y colaboradores.

La Bolsa de Comercio de Buenos Aires en su centenario, Buenos Aires, 10 de julio de 1954.

Publicación de la Subgerencia de Capacitación y Desarrollo del Recurso Humano, n° 1 año 1984. Trabajo del Arq. Alberto S. J. de Paula.

Reseña histórica del Banco de la Provincia de Buenos Aires, Serie histórica n° 16. Buenos Aires, 1994.

Subgerencia de Capacitación y Desarrollo del Recurso Humano del Banco de la Provincia de Buenos Aires. Dr. José Luis Luna.

Anexo 1

COPIA FACSIMILAR DEL ACTA DEL DIRECTORIO DEL BANCO NACIONAL DEL 25 DE ABRIL DE 1826

Buenos Aires 25 de Abril de 1826. Los S. Presidente y directores Molina, Lapridevila, Saez, Costa, Thwaites, Rojas, Moyer, Trogueira [...] el descuento de ochenta y seis letras, importantes seiscientos setenta y [...] trescientos cincuenta y cinco pesos, seis y tres cuartillos reales.

Se leyó una comunicación del Gobierno en que decia haber [...] para integrar la junta de Directores del Banco á los S.es D. José [...] D. Bautista Lezica y D. Federico Guillermo Omalig. Se leyó otra [...] que el Banco sobresea en la negociacion de la Casa de moneda de la R[...] mejor ocasion. Finalmente se leyó otra en que el Gobierno [...] á reencargar el establecimiento de las cajas subalternas en las [...] El S. Presidente espuso que, conviniendo al Banco Nacional [...] de tener hombres hábiles en todas las operaciones de esta clase de establecimi[...] para los habia mas conveniente que dar un curso completo del sistema de con[...] y operaciones de Banca á los subalternos del Banco nacional, con el objeto [...] algun dia puedan ser remitidos á las cajas subalternas de las Pro[...] consiguientose uniforman en todas ellas por este medio el sistema de co[...] lo que facilitaria los balances generales. Convencida la junta [...] tad de esta proposicion acordó: que el S. Presidente disponga lo [...] curso, asignando para los gastos que ocasione la cantidad de cohecion [...] fueron nombrados en comision para tratar con el director de la c[...] moneda, que ha venido de Inglaterra, á los S. Moyer, Thwaites y [...]

D. Pedro de Arragorri[...]

Anexo 2

COPIA FACSIMILAR DEL INFORME
DEL 31 DE JULIO DE 1826

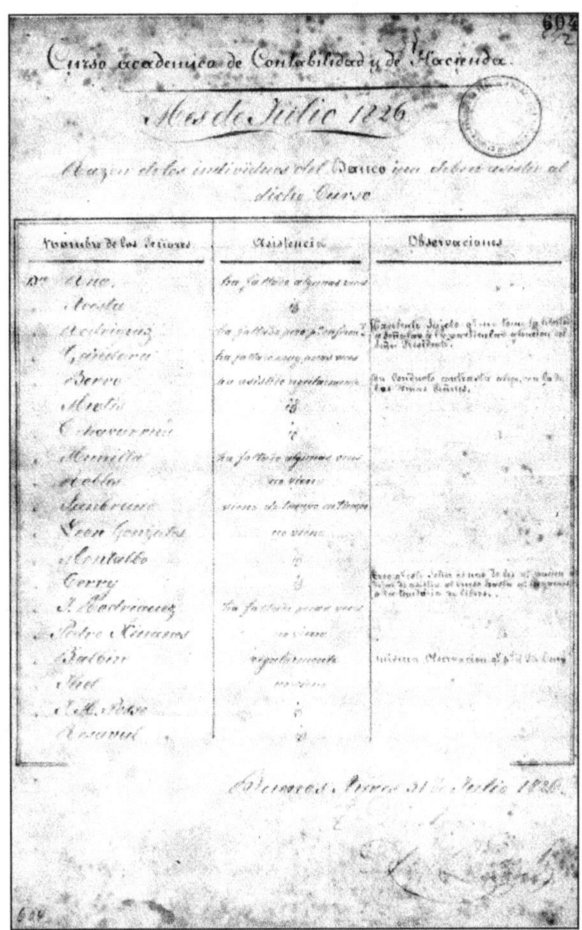

Esta planilla se encuentra en las vitrinas del Museo "Arturo Jauretche".
Calle Sarmiento 362 de la Ciudad de Buenos Aires.

Parte 2

TESTIMONIOS DE UN PASADO MUY PRESENTE

INTRODUCCIÓN

Lo que sigue es una serie de relatos de experiencias de capacitación sucedidas entre 1857 y 1913, sumamente interesantes y también sorprendentes, llenas de curiosidades y hasta de humor.

Sabemos que hubo muchos casos más, pero me he limitado a estos en razón de mis propias limitaciones como autor y de las características de la obra.

Estos casos no están descriptos con tanto detalle y precisión como el primero. Su tratamiento tiene una intención mucho más testimonial y los elegí porque el conjunto muestra la gran diversidad de situaciones en las que se presenta la necesidad de aprender a hacer algo que no se sabe.

Cada uno revela algún matiz particular, pero salvados los tiempos y las circunstancias, evidencian cuestiones esenciales de los procesos de capacitación.

No obstante lo reducido de su desarrollo y los probables errores y omisiones, los relatos no carecen de rigor histórico y finalizan con comentarios acerca de las enseñazas que los capacitadores de hoy podemos extraer de ellos.

2.1. ¡PASAJEROS AL TREN…!

LA FORMACIÓN
DE LOS PRIMEROS MAQUINISTAS

1857

"¡Pasajeros al tren…!" era el grito del guarda que anunciaba la inmediata puesta en marcha de la formación ferroviaria.

A mediados del siglo XIX, esta era una de las más emocionantes experiencias de los que accedían a la modernidad. No hay ninguna duda de que los ferrocarriles tuvieron mucho que ver con el desarrollo de los países en esa época.

Más allá de las consideraciones de interés político o social que podamos hacer sobre la forma en que este proceso sucedió, es por demás evidente que la capacidad de los ferrocarriles de estructurar buena parte del mundo laboral fue importantísima.

En el caso particular de la Argentina, las características de su territorio, su extensión y su producción económica, hicieron que se llegase a tener una red ferroviaria de más de 50.000 km, la más importante de América, después de la de los Estados Unidos, y una de las más extensas del mundo.

Este hecho involucró a muchísimas personas a lo largo de los años y la diversidad de oficios y funciones que demanda el funcionamiento de un ferrocarril generó grandes necesidades de capacitación de las cuales este capítulo atiende a la historia de la más básica: alguien debía manejar al tren.

El primer ferrocarril

La primera línea ferroviaria de nuestro país fue el Ferrocarril del Oeste, empresa de capital privado que se constituyó en 17 de setiembre de 1853 con la denominación de Sociedad del Camino de Fierro de Buenos Aires al Oeste, ya que la intención de sus fundadores era la de llegar con sus rieles hasta Chile.

Su primer presidente fue Felipe Llavallol y uno de sus directores, Francisco Balbín, quien en 1826 participó del primer curso de capacitación dictado en la Argentina en el entonces llamado Banco Nacional, episodio que describe la primera parte de este libro.

Un verdadero hito fue el primer viaje que realizó la locomotora llamada "La Porteña", que llegó de Londres con una gemela bautizada "La Argentina" y algunos vagones.

En muchos documentos se afirma que había estado asignada a las tropas británicas durante la Guerra de Crimea, pero estudios más recientes ponen en duda esta afirmación.

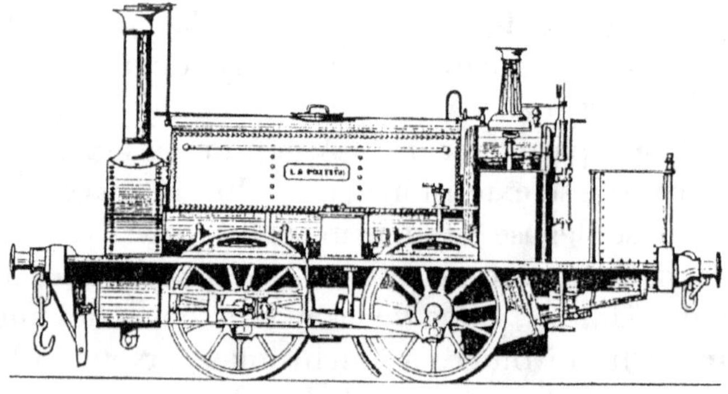

Esquema de la Locomotora "La Porteña", tomado de la ficha técnica que se guarda en el Museo Nacional Ferroviario.

Esta locomotora, fabricada por la empresa E. B. Wilson & Co, arribó a nuestro país el 25 de diciembre de 1856. La llevaron desde el puerto en un enorme carro tirado por treinta caballos. Poco más de un año más tarde, el 27 de enero de 1857, fue puesta en marcha por primera vez en el territorio.

También llegaron de Inglaterra los ingenieros John y Thomas Allan, que eran hermanos, y Guillermo Brogge, quienes serían los responsables de la instalación, varios capataces y 160 obreros especializados, todos ellos ingleses.

Tras varias pruebas, el 29 de agosto de ese año, "La Porteña" realizó su primer viaje oficial desde la Estación del Parque (actual Plaza Lavalle) hasta la Estación de La Floresta, en el actual barrio porteño del mismo nombre.

La Estación del Parque ocupaba la manzana donde actualmente se levanta el Teatro Colón y algunos estudiosos estiman que el punto en el cual los pasajeros accedían al tren coincide con el del escenario del principal teatro lírico de la Argentina. Tomó su nombre de su cercanía a una instalación militar llamada así, donde hoy se encuentra el Palacio de Justicia. En ese lugar sucedieron los importantes hechos de la Revolución del Parque de 1890.

La "Estación del Parque".
Museo Nacional Ferroviario.

"La Porteña" arrancó arrastrando dos vagones. Su traslado a la increíble velocidad de ¡24 kilómetros por hora! hizo que la población se volcase al costado de las vías para ver el espectáculo.

Entre los pasajeros de ese primer viaje se contaban Bartolomé Mitre, Domingo Faustino Sarmiento, Valentín Alsina, Dalmacio Vélez Sarsfield y otras personalidades, además de los socios de la empresa.

En este dibujo de la época se recuerda el primer viaje y a sus ilustres pasajeros.
Museo Nacional Ferroviario.

¿Quién se animaría a tomar la responsabilidad de hacer funcionar la máquina para transportar a tan ilustres pasajeros?

Había un único candidato: el propio ingeniero John Allan, quien aceptó el reto junto con Alfonso Corazzi, que actuó como fogonero. Ambos serían los protagonistas del caso de capacitación que nos interesa y del que hablaremos un poco más adelante.

Pero John Allan no había venido para hacer ese trabajo, pues tenía otras responsabilidades y un problema importante que se les presentó fue el de la formación de maquinistas locales. Tengamos en cuenta que en aquella época manejar un tren era una de las tareas más calificadas que existían y no se le podía confiar a cualquiera sin asegurarse de su idoneidad para cumplirla.

Ingeniero John Allan.
Nacido en Liverpool, Inglaterra,
en 1833.
Fotografía tomada en Buenos Aires
en 1871.
Museo Nacional Ferroviario.

Allan había sido instructor de maquinistas en Inglaterra y, una vez más, aquí resultó el candidato natural para hacerse cargo de dicha misión.

El primer entrenado fue Alfonso Corazzi. Era un italiano nacido en Liboria; había sido ocho años fogonero y uno maquinista de la Compañía Strada Ferrata Leopoldina. Renunció a aquel trabajo y se embarcó como mecánico en un barco que vino a la Argentina.

Alfonso Corazzi.
Archivo General de la Nación.

No sabemos de qué forma realizó Allan la capacitación, aunque suponemos que habrá usado los recursos educativos que utilizaba en Liverpool. Tampoco sabemos cuántos maquinistas entrenó además de Corazzi, aunque algunos registros sugieren que la gran mayoría de los integrantes del primer grupo eran inmigrantes italianos que, como aquel, habían trabajado en los ferrocarriles de su país. Probablemente el propio Corazzi los "seleccionó" y los capacitó. Pero de esto no tenemos certeza.

John Allan permaneció en la Argentina después de estos acontecimientos y sabemos que en 1870 estuvo a cargo del montaje de una bomba de agua a vapor para apagar incendios, que él mismo manejó en varios siniestros.

Durante la gran epidemia de fiebre amarilla que azotó a Buenos Aires durante 1870 y 1871, Allan condujo personalmente un pequeño convoy fúnebre, en el que se transportaban los muertos por la peste hasta el cementerio de Chacarita.

El mismo Allan fue víctima de esta enfermedad, y falleció el 5 de junio de 1871.

En 1948, el diario *La Prensa* publicó una serie de historietas en homenaje a personas destacadas, entre ellas la que se reproduce aquí.

Enseñanzas con la perspectiva actual de la capacitación

Este episodio nos muestra cómo el sistema de capacitación se origina a partir de una necesidad claramente identificada y definida.

El caso que nos ocupa se destaca por varios detalles que vale la pena señalar como aprendizaje.

Podemos apreciar que ya sucedía algo que ocurre aún hoy, aunque felizmente con menor frecuencia e intensidad: la imprevisión de la necesidad de capacitación.

Los autores del proyecto "descubrieron" mal y tarde que alguna vez habría que contar con maquinistas locales y la solución encontrada en John Allan era de corto plazo.

También nos muestra a la capacitación como un aporte para el desarrollo de las personas y su consecuente ascenso social. El caso de Corazzi, que fue promovido de fogonero a maquinista, nos enseña que la proximidad a ciertas funciones es una buena inducción para personas con potencial.

Fuentes

Documentación existente en el Archivo del Museo Nacional Ferroviario.
Historia de los Ferrocarriles de la Provincia de Buenos Aires 1857-1886, de Mario Justo López, Lumiere, Buenos Aires, 1991.
Registros de la Asociación Rosarina Amigos del Riel.

2.2. UNIENDO EL PAÍS CON HILOS... TELEGRÁFICOS

LA FORMACIÓN DE LOS TELEGRAFISTAS

1870

Comunicarse a distancia y rápidamente es una necesidad muy antigua.

La comunicación mediante señales con humo, fuego, banderillas o tambores satisfacía las necesidades de velocidad, pero limitaba la distancia a la visión o la audición directa. Además, en los casos bélicos, esta clase de mensajes quedaban a la vista de los enemigos.

Los correos, en todas sus formas, resolvían el problema de la distancia, pero no el de la velocidad.

La primera invención que resolvió ambos requerimientos al mismo tiempo es el telégrafo.

El código desarrollado por Samuel Finley Morse en los Estados Unidos a principios del siglo XIX, compuesto por combinaciones de señales cortas y largas, consistió en señales, primero, ópticas y luego, eléctricas. Con él se inició la primera tecnología moderna que daría comienzo a la fenomenal evolución de las comunicaciones que no se ha interrumpido hasta el día de hoy.

La Argentina moderna que propuso la llamada "Generación del 80" no dejó de lado este aspecto. Mitre, Sarmiento,

Avellaneda, Vélez Sarsfield y otros plantearon y auspiciaron el sistema de telecomunicaciones que la integración territorial del naciente país necesitaba.

Las comunicaciones telegráficas nacieron y crecieron junto con el ferrocarril, su "hermano" en el proceso de desarrollo. Hasta no hace tantos años y en muchos casos todavía, era imposible ver una vía de ferrocarril a cuyo lado no se alineasen los postes del telégrafo. De hecho, el ferrocarril fue el primer usuario del sistema para sus propias necesidades.

El 11 de abril de 1860 se inauguró la primera línea telegráfica argentina que corría al lado de los rieles del único tren que teníamos entonces, el Ferrocarril del Oeste. Esta línea telegráfica era privada y pertenecía al propio ferrocarril.

Carlos Burton.

Sarmiento impulsó la expansión de estos servicios para el uso público, para lo cual designó a don Carlos Burton —reconocido como el fundador del sistema en el país— inspector general de Telégrafos, el 12 de octubre de 1869.

El sistema telegráfico necesita de personas hábiles para "manipular", nombre que se le daba a la tarea de transmitir los mensajes en código Morse mediante pulsos manuales que se daban al dispositivo que permitía generar las señales eléctricas; estas, a su vez, debían ser decodificadas por otra persona que estaba en el punto de recepción.

Pero en 1869, cuando comenzaron a tenderse las líneas, no había personas que tuviesen esta habilidad. Había que formarlas.

Burton tropezó enseguida con esta dificultad y se encargó personalmente de entrenar a los primeros catorce telegrafistas, de forma tal que cuando se inauguraron las líneas en 1870, el sistema ya estaba capacitando a su gente.

En ese mismo año, Burton formalizó el adiestramiento con la creación de una Escuela Adscripta a la propia Inspección General de Telégrafos que estaba a su cargo, de la que fue primer director. Al compás del crecimiento de las líneas telegráficas, esta escuela fue tan activa, que en 1873 ya habían egresado de ella 121 personas.

En esta primera etapa, la enseñanza se limitaba al conocimiento del código Morse y al manejo de los aparatos existentes, pero pronto se percibió que los requerimientos de capacitación eran mucho mayores.

Ya en 1879, el doctor Eduardo Olivera, uno de los grandes impulsores del sistema, lo advirtió así, y propuso un plan de estudios mucho más amplio y acorde con las necesidades.

Olivera planteó que la actividad telegráfica debía ocupar a personas que la desarrollasen a nivel profesional. Por eso su programa de enseñanza incorporaba, además de las

Doctor Eduardo Olivera.
Archivo General de la Nación.

habilidades básicas de la operación de los equipos, que abarcaba la "manipulación", la transmisión y la recepción, temas de física, química, álgebra, geometría, mecánica, construcciones, dibujo técnico y contabilidad.

Un detalle de mucho interés de la propuesta tiene que ver con la buena disposición de los empleados del Correo para incorporarse a la actividad telegráfica. Ya en esa época el servicio postal y el telegráfico funcionaban juntos y la relación era de un empleado en la actividad telegráfica por cada seis empleados en la actividad de correos. Todo indica que la actividad telegráfica otorgaba mayor estatus, pero también tenía mayores exigencias.

En uno de sus escritos, Olivera defiende la idea de que "a la juventud no deben imponérsele estudios para los que no tuviesen aptitudes o tendencias"[1], es decir, incorpora la cuestión de las destrezas y la vocación como una variable de importancia en la gestión de la capacitación.

Este desarrollo llevó a la primitiva escuela a transformarse en 1887 en el Liceo Telegráfico, por decisión del gobierno nacional, presidido por Miguel Juárez Celman.

La intención de Olivera de desarrollar la actividad telegráfica a nivel profesional se fue concretando y en 1892, bajo la dirección del doctor Carlos Carlés, el liceo se convirtió en la Escuela Nacional de Ingenieros de Telégrafos.

Pronto se presentó el problema de la cobertura geográfica y comenzaron a crearse centros de capacitación en todas las cabeceras de distrito. El 19 de febrero de 1935 la Dirección General de Correos y Telégrafos oficializó este proceso al designarlos "Escuelas Elementales de Telegrafía" y regular su actividad.

La Escuela de Telegrafía continuó funcionando muchos años en el edificio del Correo Central (Leandro Alem y Corrientes, en Buenos Aires).

---

1. Olivera, Eduardo: *La reorganización del Correo Argentino.* Compañía de Billetes de Banco, Buenos Aires, 1909.

Un aspecto interesante de esta actividad es que al principio (a fines del siglo XIX) existieron varias líneas telegráficas además de las del sistema oficial. Ya mencionamos las de los ferrocarriles, posteriormente integradas al sistema nacional, pero también las hubo desarrolladas por necesidades militares, como las que extendió el general Roca durante su ocupación de la Patagonia, y otras establecidas alrededor de otros conflictos fronterizos. Pero también hubo desarrollos de las provincias y hasta emprendimientos particulares.

Esta característica hizo que las habilidades para operar telégrafos se constituyeran en un oficio requerido y la formación fuera encarada por otras iniciativas. Una de estas fue la escuela que un grupo de educadores de la Iglesia Metodista tenía instalada en el entonces llamado Paseo de Julio –hoy Avenida del Libertador– 990, donde desde 1882 y bajo la dirección de Federico Fletcher y Ramón Blanco, se enseñaban varios oficios, uno de los cuales era el de telegrafista.

Este episodio tiene particular interés porque los metodistas hicieron esta escuela con la intención de rescatar a "niños de la calle". Iban a buscar a los chicos desprotegidos que deambulaban por Buenos Aires y les ofrecían comida, algo de ropa y un oficio para que pudieran trabajar. Un buen número de telegrafistas de esa época eran jóvenes que habían estado en esa situación.

La original telegrafía por hilos fue siendo superada por otras tecnologías y el uso del telégrafo con el viejo código Morse fue entrando en un ocaso que hace que hoy esta actividad prácticamente esté reducida a muy pocos usos. Ya los viejos telegramas, con sus tiritas de papel pegadas sobre un formulario y con sus abreviaturas a veces indescifrables, son algo que muchos jóvenes jamás han visto.

Sin embargo, este país, como muchos otros, nació unido por hilos... telegráficos.

Enseñanzas con la perspectiva actual de la capacitación

Este episodio repite el de otros en los cuales la capacitación aparece fuertemente vinculada con el desarrollo del país. Inducidos por sus necesidades específicas, son los propios sistemas los que deben generar respuestas educativas a sus demandas.

También vemos cómo el desarrollo de la tecnología y del sistema al que se aplica requiere un crecimiento paralelo de las posibilidades de formación.

El caso nos muestra la aparición clara del problema de las aptitudes y las vocaciones. El telégrafo nació dentro del sistema postal, pero evidentemente su complejidad tecnológica requería destrezas distintas de las del correo. Llama la atención la claridad con la que Olivera planteaba esta cuestión muchos años antes de que Jean Piaget nos explicara cuestiones vinculadas con los procesos del desarrollo de la inteligencia y su relación con el aprendizaje. Evidentemente, el uso de códigos, como el Morse, exige un manejo del pensamiento simbólico y del plano abstracto que no se necesitaba, al menos en estos niveles, en la actividad postal.

También es notable el interés de este hombre por llevar la actividad a un nivel profesional y cómo sus continuadores comprendieron este aspecto.

Fuentes

Historia de Correos y Telégrafos de la República Argentina, Ramón de Castro Esteves, Ediciones de la Dirección General de Correos y Telégrafos, Buenos Aires, 1952.

La reorganización del Correo Argentino, Eduardo Olivera, Compañía de Billetes de Banco, Buenos Aires, 1909.

Revista de Correos y Telecomunicaciones, septiembre-octubre 1952.

Revista *Postas*, varios números.

Testimonios del Sr. Néstor Brandoni.

Ubicación del Metodismo en el Río de la Plata, Daniel Monti, Buenos Aires, 1976.

2.3. LA ESCUELA DE APRENDICES DE LOS TALLERES CENTRO AMÉRICA

1872

El crecimiento de los servicios ferroviarios fue vertiginoso y este desarrollo reclamaba personal capacitado: ya no se trataba de contar solo con maquinistas y fogoneros. El Ferrocarril del Oeste, primera empresa ferroviaria, carecía de una estructura formal de capacitación. En 1860 se hizo necesario organizar el mantenimiento y la reparación de su material rodante.

En dos galponcitos contiguos a la Estación Parque se instalaron los primeros talleres, que eran sumamente modestos ya que solo contaban con una caldera a vapor, dos fraguas, un taladro, once criques para locomotoras y herramientas menores.

En tanto, los problemas económicos que surgieron de una deficiente administración hicieron que se traspasase a la provincia de Buenos Aires la posesión definitiva del ferrocarril. Esta administración entró en vigencia el 31 de diciembre de 1862 y se mantuvo hasta 30 de junio de 1890.

La complejidad de los requisitos iba en aumento y cada vez era más difícil lograr personal capacitado para resolverlos. Hay que tener en cuenta que el sistema educativo de entonces estaba muy orientado hacia las disciplinas humanísticas y no preparaba técnicos con conocimientos de mecánica, hidráulica y otras materias.

En 1867, en la manzana comprendida por las actuales avenidas Pueyrredón y Corrientes, y las calles Tucumán y Paso, se habilitaron los Talleres Centroamérica, bajo la dirección del Ing. Marcos Mañé, quien se mantuvo en el cargo hasta 1876.

En 10 de julio de 1872 sucedió algo importante: la creación del cargo de inspector general de Máquinas de la Provincia, para el que fue designado el Ing. Luis Elordi. Entre otras responsabilidades, desde esta posición se debía velar por el mantenimiento y operabilidad de los trenes.

Elordi comprendió con claridad la necesidad de contar con un sistema educativo que proveyera de mano de obra calificada, y tomó el asunto como una de las prioridades de su gestión.

Con el apoyo de Francisco Madero, por entonces ministro de Obras Públicas de la provincia de Buenos Aires, Elordi diseñó un proyecto formativo y sugirió al gobernador Mariano Acosta la creación de un instituto técnico educacional destinado a resolver el problema.

Se promulgó entonces una ley por la que se autorizaba la inversión de $f 270.000 (pesos fuertes) para la compra del material, mientras que el ferrocarril aportaría el predio, junto a sus propios talleres, donde se establecería la escuela. Allí, con ingreso por la Avda. Corrientes, se construyó un edificio de dos plantas en el que comenzó a funcionar la Escuela de Artes Mecánicas, más conocida como Escuela de Aprendices Ferroviarios.

Los aprendices ingresaban con un mínimo de 12 años y un máximo de 15. Como buena parte de ellos provenían del interior, en el primer piso se construyeron dormitorios para dar alojamiento a unos 40 estudiantes, además de dos cuartos donde dormían los celadores —encargados de la disciplina y el cumplimiento de prácticas de higiene y buenas costumbres–, y las instalaciones sanitarias.

Edificio de la Escuela de Aprendices Ferroviarios.
Fotografía del Museo Nacional Ferroviario.

En la planta baja estaban las aulas donde se daban las clases teóricas y, cerca del edificio, un taller-escuela para las clases prácticas, montado con elementos provenientes del desguace de un galpón que había pertenecido a uno de los saladeros situados en la margen del Riachuelo.

La mayor parte del tiempo se destinaba a actividades prácticas en el taller, que se desarrollaban bajo la supervisión de un maestro operario especialmente entrenado al efecto. Con una óptica actual, llama la atención la claridad con que se planteó y resolvió el traslado del aprendizaje a la tarea específica.

El director del establecimiento era también profesor residente, y estaba a cargo del cuidado de los jóvenes alumnos alojados en la planta alta. Para la atención de sus necesidades, la empresa asignaba a cada uno un jornal estipulado según las habilidades y dedicación evidenciadas.

Taller donde se realizaban las prácticas.
Fotografía del Museo Nacional Ferroviario.

El final

Por decreto de 29 de abril de 1878 se estableció que el Ferrocarril del Oeste debería trasladar el punto de partida de sus trenes a la Estación Once de Setiembre.

Esta disposición hizo que a fines de diciembre de 1878 se desactivaran los Talleres Centro América. La actividad que en ellos se desarrollaba fue trasladada a los Talleres de Tolosa en la ciudad de La Plata, pero cesó el funcionamiento de la escuela.

Carlos Alfredo D'Amico, quien gobernó la provincia entre 1884 y 1887, defendía con particular vehemencia a dicho ferrocarril y sus servicios, recordando que:

(…) esa línea férrea ha llevado la riqueza a la vasta zona que sirve; porque es el esfuerzo de los argentinos… administrado por ar-

*gentinos; porque en esa línea no se habla inglés; porque los pasajeros son tratados con la cortesía afectuosa que no necesita de la brutalidad de modales extranjeros; (...) **porque tiene una Escuela Práctica de Mecánica para los hijos del país**[1] (...) y, sobre todo, por ser la administración modelo de todos los ferrocarriles del país...*[2]

A pesar de la oposición del gobernador y otros muchos, finalmente, el 29 de abril de 1890, los 1.057 km de líneas ferroviarias de la provincia de Buenos Aires (Ferrocarril del Oeste) fueron adjudicados al consorcio inglés New Western Railway of Buenos Aires con el nombre de Buenos Aires Greath Western Railway Company.

Enseñanzas con la perspectiva actual de la capacitación

Este episodio nos muestra una vez más cómo el sistema de capacitación sucede a partir de una necesidad claramente identificada y definida que proviene del negocio y sus actividades.

El presente caso se destaca por varios detalles que vale la pena señalar.

En primer lugar, vemos cómo una empresa tropieza con la imposibilidad del sistema educativo común para proveer el tipo de competencias que necesita, y asume que debe resolver el problema por sí misma.

Otro aspecto interesante es el de haber advertido que a mayores demandas, hace falta responder con procesos más estructurados. La variedad de oficios requeridos para el mantenimiento de los equipos ferroviarios obligó a la empresa a diseñar formas de aprendizaje más complejas que aquellas a las que había recurrido cuando John Allan solamente tuvo que formar maquinistas.

---

1. Las negritas son propias.
2. Chiarenza, Daniel Alberto: *Historia General de la Provincia de Buenos Aires.* Edición del autor, 1999.

Llaman la atención las edades con las que ingresaban los aprendices (entre 12 y 15 años), cómo los alojaban, los alimentaban, los cuidaban y les pagaban un sueldo por estudiar.

También vemos que recurre a sus propias posibilidades, ya sea de espacios físicos como de personas y medios, y asegura la transferencia de lo aprendido a la tarea mediante el sistema de horarios mixtos, por los cuales los estudiantes estaban parte de su tiempo en las aulas y parte en el taller.

Señalemos también la instalación de responsabilidades educativas en la propia línea de trabajo mediante los llamados maestros operarios que habían sido debidamente entrenados.

Fuentes

Documentación del Museo Nacional Ferroviario.

Historia de los Ferrocarriles de la Provincia de Buenos Aires 1857-1886, López Mario Justo (h), Lumiere, 1991.

"Los talleres Centro América", Daniel Luis Rodríguez, en *Boletín de Historia Ferroviaria* N° 11, Museo Ferroviario.

"Visita a los Talleres Centro América en 1876", Pompeyo Moneta y Emilio Rosetti en *Anales de la Sociedad Científica Argentina*, Tomo II. Buenos Aires, 1887.

Registros de la Asociación Rosarina Amigos del Riel.

2.4. SOPLAR Y HACER BOTELLAS

EL CASO RIGOLLEAU,
ALGO MÁS QUE CAPACITACIÓN

1882

El vidrio es un material muy particular que ocupa espacios muy importantes en la vida cotidiana. Es también un producto muy antiguo, descubierto hace miles de años, probablemente por casualidad.

Durante siglos se usó para producir elementos de adorno, especialmente bisutería femenina.

Los romanos fueron los primeros que desarrollaron la técnica del soplado para fabricar envases y también comenzaron a hacer pequeñas láminas que, unidas con plomo, fueron usadas en ventanas.

En la Edad Media, con la construcción de las catedrales góticas, se desarrollaron las técnicas de fabricación de vidrio plano y también de coloración y corte, lo que permitió realizar los magníficos vitrales que hasta hoy admiramos.

Es un producto sumamente estable, casi nada lo corroe, no contamina, es de los más transparentes que se conocen, se lo puede moldear con cierta facilidad, además de muchas otras virtudes.

Estas características han hecho que el vidrio se encuentre aplicado en un sinnúmero de situaciones y si prestamos un poco de atención lo veremos en muchas más partes de lo que lo advertimos normalmente: botellas, frascos, lentes, vidrieras, envases, lamparitas, automóviles, televisores, computadoras, adornos, vajilla, instrumentos ópticos... Sería imposible hacer una lista completa de sus aplicaciones.

En la Argentina, la industria del vidrio es muy antigua y su desarrollo sigue caminos muy parecidos a los de otras industrias, empujadas por personas emprendedoras y audaces.

Uno de ellos fue Leon Rigolleau, un francés llegado a Buenos Aires cuando promediaba el siglo XIX.

Leon Rigolleau.
Archivo General de la Nación.

Pertenecía a una familia de fabricantes de papel e instaló en Buenos Aires una papelería, en la cual también se vendían otros productos vinculados con su uso, por ejemplo, tinta.

Hombre de negocios, aprendió a fabricar tinta y pronto tropezó con el problema de los envases.

Se enteró de que estaba a la venta una pequeña fábrica de vidrio, posiblemente perteneciente a la familia Bordoni, que había cerrado, ubicada en la que hoy es la calle Belgrano 3250.

La compró en 4.000 pesos nacionales, incluyendo el galpón y las máquinas, y el 10 de octubre de 1882, la inauguró con el nombre La Nacional. La materia prima tenía que importarla.

Contrató a algunos trabajadores que algo sabían de la técnica del uso de un pequeño horno. Como producción era discontinua, ya que dependía de la existencia de la materia prima, que debía importarse. Un peón iba a buscar a lomo de burro a los trabajadores a sus casas, "reclutamiento" que no siempre era exitoso puesto que a menudo alguno de los llamados tenía otra tarea y no podía asistir.

Frente a esta circunstancia hubo que capacitar a personal temporario.

Lo cierto es que, a pesar de las dificultades, la producción fue exitosa y pronto estaban fabricando envases para terceros. Ya en 1900, ocho años después, la fábrica funcionaba de manera continua y marcó un récord con 2.000 botellas en un día.

En esa época se trabajaba tomando el vidrio fundido con unos tubos llamados "cañas" por los que se soplaba con la boca hasta obtener un globo al que, aún caliente, se daba forma con moldes de madera o hierro o simplemente espátulas de uso manual, tal como aún hoy puede observarse en algunos talleres artesanales de Murano, en Italia. De este sistema sale la expresión *No todo es soplar y hacer botellas*, para referirse a aquellos que creen que las cosas que hacen los otros siempre son fáciles. Realmente se requería una gran habilidad, y la capacitación de estos operarios era muy especializada.

Leon Rigolleau descubrió que pronto iba a necesitar ayuda y recurrió a un sobrino, Gaston Fourvel Rigolleau, que había llegado de Francia a la edad de 14 años.

Gaston Fourvel Rigolleau.
Archivo General de la Nación.

En 1906 compraron un predio de 27 hectáreas ubicado en el actual partido de Berazategui, donde comenzaron la construcción de una fábrica muy moderna que se inauguró en 1908.

Interior de la fábrica. Foto tomada en 1942.
Museo del Vidrio - Berazategui.

Con esta capacidad instalada diversificaron la producción y Gaston, ya al frente de la empresa, hizo venir a artesanos y técnicos franceses y belgas que sabían fabricar artículos de bazar, envases, cristalería fina y objetos de decoración.

Modelo en escala de una máquina O'Neill utilizada para capacitación.
Museo del Vidrio - Berazategui.

Se introdujo la fabricación semiautomática que, utilizando máquinas de marca Boucher, sustituía el soplado por un mecanismo operado con el pie, aunque solo producía una botella por vez.

En 1921 se pasó a la fabricación automática, con máquinas de marca O'Neill, lo que permitió alcanzar una producción de 100.000 unidades por día.

Pero este nivel de tecnología ya requería otro tipo dc operario mucho más calificado.

La capacitación organizada

Por supuesto que el mercado no ofrecía este tipo de personal y, como siempre ha sucedido en casos como este, la empresa debió encarar algún sistema de formación sistemática.

Comenzaron en 1940 con "charlas técnicas" destinadas a aspirantes a maquinistas, dadas por los mismos jefes y técnicos que luego tendrían a cargo al personal entrenado. Para ello contaban con un local algo alejado de la planta industrial, pero dentro del mismo predio, lo que obligaba a trasladarse a la fábrica para hacer la práctica.

En este punto se definió una idea que caracterizaría a esta experiencia y que es lo que la hace especialmente interesante: la capacitación se asoció a planes de carrera y apuntaba a la formación integral de la persona.

De ese modo, se estimulaba a los peones y "revisadores", que eran quienes ocupaban puestos de menor calificación, a aspirar al puesto de maquinistas. El intento fue muy exitoso.

Su desarrollo llevó a transformar las "charlas técnicas" en la Escuela de Aprendices, a la que podían acceder los operarios, sus familiares y, posteriormente, cualquier vecino interesado en adquirir un oficio.

Lo particular

Allí se encontraron con un problema: muchas de estas personas no contaban con la educación básica suficiente como para desempeñarse en niveles de mayor jerarquía, y hasta había no pocos analfabetos.

La respuesta fue rápida y clara: no alcanzaba con enseñar un oficio, hacían falta personas formadas integralmente.

Era impensable en esa época enviarlos a escuelas comunes. Por eso la Dirección de la fábrica decidió hacerse cargo del problema, consciente de que este "algo más que la capacitación para el puesto" era una contribución para la comunidad.

Se remodeló el local, se instalaron aulas equipadas con lo mejor de lo que se disponía entonces, se habilitaron talleres de electricidad y mecánica, y se entrenó a los mejores empleados para que fuesen los maestros.

Así se dictaron cursos de dibujo técnico, aritmética y geometría, tecnología mecánica, electricidad industrial, moldería, mantenimiento de equipos y hasta de idioma inglés. Era 1940.

El impacto en la comunidad fue de tal envergadura, que ampliaron el servicio. Al descubrir que esposas y familiares del personal carecían de habilidades que les diesen posibilidades laborales, añadieron cursos de corte y confección, dibujo, pintura, grabado, cerámica y escultura, pronto extendidos a toda la comunidad.

No faltaron clases de alfabetización, organizadas con la Dirección de Educación de Adultos de la Provincia de Buenos Aires, que permitieron completar su ciclo primario a unos 250 operarios, muchos de los cuales siguieron luego con los cursos técnicos.

La Escuela de Aprendices funcionó hasta 1950. Para ese entonces ya la oferta educativa en Berazategui hacía prescindibles estos esfuerzos, a pesar de que se continuó con actividades sociales y culturales que incluyeron conferencias, teatro, coros, cine y exposiciones de arte.

Por otro lado, la llegada de nuevas máquinas mucho más modernas, obligó por un tiempo a realizar la capacitación en el exterior.

En 1954, se recuperó la actividad interna al reorganizarse la Escuela de Aprendices, tarea a cargo de un ingeniero francés de apellido Bouitier, quien trabajó en ello hasta 1957.

En 1969 comenzó una nueva etapa en la que, mediante un acuerdo con el Consejo Nacional de Enseñanza Técnica (CONET), se capacitaba a instructores técnicos con la modalidad FPA (formación profesional acelerada) en una amplia gama de especialidades.

Esta histórica fábrica, la Cristalería Rigolleau, hizo mucho más que enseñar a "soplar y hacer botellas".

Enseñanzas con la perspectiva actual de la capacitación

Esta experiencia tan dilatada en el tiempo nos permite ver un aspecto particular de la capacitación. Nos enseña que si bien su función específica es la de poner a alguien en condiciones de hacer una tarea que desconoce, no debemos olvidar que los destinatarios son personas.

La formación integral no es un ideal menor. Podríamos lograr que un analfabeto llegue a cumplir determinadas funciones y hasta algunas de cierta complejidad, pero no podemos pasar por alto su inferioridad de condiciones.

La vinculación de la Cristalería Rigolleau con la comunidad de Berazategui es una historia valiosa, porque prueba que la empresa supo leer su entorno, descubrir sus necesidades y comprometerse con su solución. Sabemos que en los años en que esto sucedía las cosas eran muy diferentes y es muy improbable que hoy nos encontremos con casos tan complejos, difícilmente una fábrica moderna se ponga a enseñar corte y confección a las esposas de sus operarios; pero no debemos perder el espíritu de ver al trabajador como un ser humano que pertenece a una familia y a un medio del cual es parte activa y que lo considera como tal.

Fuentes

Archivo General de la Nación.
Museo del Vidrio de Berazategui.
Recopilación de datos históricos de la empresa Cristalerías Rigolleau, realizada por Alfonso Dell'Orto.

2.5. LA CAPACITACIÓN AMBULANTE

EL CASO DE LOS PRODUCTORES AGRÍCOLAS ITALIANOS DE LA PROVINCIA DE SANTA FE

1898

Advertencia previa

Si bien este caso no corresponde específicamente a una empresa como los anteriores, es un antecedente que agrega algunos aspectos muy ricos para ilustrar el espíritu con el que la capacitación se fue desarrollando en la Argentina. Sepan los lectores admitir esta valiosa excepción.

El problema

El fuerte proceso inmigratorio que caracterizó a la Argentina de fines del siglo XIX y principios del XX introdujo importantes problemas sociales, políticos y de hecho, productivos. La capacitación de los inmigrantes fue uno de ellos.

La Argentina desarrollaba fuertemente su modelo agroexportador y sucedía la incorporación masiva de mano de obra europea, que provenía en gran parte de países con condiciones ambientales sustancialmente distintas de las de las pampas locales.

Así se hizo manifiesto el problema de la falta de preparación de esas personas para tener éxito en un medio que, a pesar de ser mucho más favorable que el de los campos europeos, no por ello dejaba de demandar conocimientos de los que los inmigrantes carecían.

La enorme disponibilidad de tierras y la posibilidad de acceder a ellas con relativa facilidad entusiasmaron a muchos campesinos europeos que creían que con sus conocimientos estaban en condiciones de hacerlas producir.

La necesidad de cumplir con los compromisos de exportación y el consecuente aprovechamiento de esta oportunidad eran dos de las mayores preocupaciones del gobierno nacional, que veía con cierto temor que no siempre la producción era la requerida, en cantidad y calidad.

Lo cierto es que se carecía de una estructura educativa capaz de dar respuesta a este problema.

Los pocos centros donde era posible capacitar a los productores estaban en zonas urbanas y exigían la salida de sus lugares de trabajo de los probables alumnos por un tiempo inadmisible.

Se sumaba a esta dificultad la cuestión del idioma, dado que muchos de estos inmigrantes no tenían un suficiente dominio del castellano.

El episodio

En los últimos años del siglo XIX, se instrumentó una curiosa idea de la que sabemos muy poco, pero que resulta de gran interés por mostrar claramente la intención de llevar la capacitación lo más cerca posible del lugar donde está la necesidad.

El ingeniero agrónomo Antonio B. Pasi, un italiano que se instaló en la ciudad de Rosario, comenzó a capacitar, en cumplimiento de una misión del gobierno italiano, a los productores rurales de esa nacionalidad desplazándose por distintos puntos de la provincia de Santa Fe. No contamos con una fecha precisa de esta asignación, pero es posible ubicarla alrededor de 1898.

Esta es la única fotografía que he hallado del profesor Antonio B. Pasi.
Fue tomada con posterioridad a los hechos relatados, en 1918, cuando daba clases de Ciencias Naturales en la ciudad de Rosario.
Foto tomada de la revista *Caras y Caretas* nº 2, de noviembre de 1918.
–Hemeroteca de la Universidad Nacional de La Plata.

La iniciativa se formalizó en 1904 con el nombre de "Primera Cátedra de Agricultura en Sud América".

Son pocos los datos disponibles, pero evidentemente no debe de haber tenido demasiado éxito en sus principios, porque enfrentaba un problema muy difícil de resolver: la dispersión geográfica de los destinatarios de la capacitación.

Por lo visto, Pasi no era hombre de aceptar fracasos tan simplemente y planeó una propuesta bastante asombrosa.

En 1910, durante la presidencia del Dr. Roque Sáenz Peña, se decidió la creación de cátedras ambulantes. Se entregó a Pasi un vagón de tren, donde el profesor instaló una sala de demostraciones y un salón de conferencias.

Este centro de capacitación ambulante recorría las zonas centro y sur de la provincia de Santa Fe, congregando a los agricultores de la zona para enseñarles los siguientes temas:

- preservación de los cultivos,
- intensificación de los cultivos,

- selección de las semillas, y
- rotación de los cultivos.

Concluida la "capacitación", la escuela rodante se dirigía a otro lugar donde repetía el ciclo.

¡Cómo me gustaría saber cuántos agricultores cambiaron su realidad, revisaron sus proyectos de vida y trabajo, y modificaron la visión que tenían de este país que ofrece tantas cosas... a quien sabe aprovecharlas!

Si bien nos faltan detalles acerca del funcionamiento de este modelo, el trabajo del profesor Pasi debe de haber sido exitoso y seguramente alcanzó notoriedad y significación. Lo demuestra el hecho de que en el 1904, el rey de Italia, Vittorio Emanuelle III, le hizo entrega de una medalla que dice en su anverso: *Onorificenza speciale di S.M. Vitt° Emanuelle III Re D'Italia. Pax in Agricultura in utraque Prosperitas* y, en el reverso: *Al Professore Antonio Pasi, fondatore della 1ª cattedra di Agricoltura in Sud América. 1904.*[1]

Anverso y reverso de la medalla otorgada al profesor Pasi por el Rey de Italia Vittorio Emanuelle III en 1904.

En poder del Sr. Jorge Janson - Fotografía de la Sociedad Argentina de Numismática.

---

1. "Condecoración especial de Su Majestad Vittorio Emanuelle III, rey de Italia. Paz en agricultura y prosperidad. Al profesor Antonio Pasi, fundador de la primera cátedra de Agricultura en Sudamérica."

No conocemos con detalles cómo terminó esta experiencia, pero en la revista *Caras y Caretas* del 2 de noviembre de 1918, se publica un artículo que elogia la labor de Pasi y lamenta que terminara "por la despreocupación de los gobiernos que se sucedieron".

No es mucho más lo que sabemos de aquel pionero de la capacitación ambulante, excepto que era aficionado a la taxidermia, especialmente al embalsamamiento de aves, y que tras el final de la experiencia de capacitar a los productores agropecuarios, se dedicó a completar una especie de museo de ciencias naturales en su propia casa de Rosario y al estudio del posible aprovechamiento del veneno de las serpientes como recurso medicinal.

Enseñanzas con la perspectiva actual de la capacitación

Probablemente este curioso y particular modelo agregue, más que otros, una cuota de romanticismo casi quijotesco, pero es precisamente este detalle de gran valor el que nos muestra el alto grado de compromiso del capacitador con la misión encomendada y sus destinatarios.

¡Cuántas veces nos enoja la dificultad que tenemos para llevar adelante las acciones de capacitación y que estas se trasladen a la tarea! ¿No será que las instrumentamos geográficamente lejos del lugar donde el conocimiento es necesario?

Pasi nos enseña a romper modelos rígidos y nos muestra cómo, ante la dificultad de que los agricultores vayan hacia la capacitación, él llevó la capacitación hasta la gente.

Parece poco probable que con esos simples cuatro módulos enseñados, los agricultores hayan modificado profundamente su realidad. Tal vez debamos pensar que fue el hecho de sentirse estimulados y atendidos fue la razón por la que Pasi logró sus objetivos, recibió reconocimiento y hasta una condecoración de su rey.

¡Vaya si son importantes las actitudes en la capacitación!

Fuentes

"Antonio Pasi y las colonias italianas de Santa Fe", Arnaldo J. Cunietti-Ferrando, en *Cuadernos de Numismática y Ciencias Históricas*, N° 100, junio 1996.
Revista *Caras y Caretas*, 2 de noviembre de 1918.

2.6. LA ESCUELA TÉCNICA CENTRAL DE LA FRATERNIDAD

1898

Los principios

Como ya comentamos en el caso de la Escuela de Aprendices del Ferrocarril del Oeste, la instalación de los servicios de trenes fue uno de los esfuerzos tecnológicos de mayor envergadura que conoció el país durante el siglo XIX.

La persona a quien se confiara la conducción de una formación que transportaba pasajeros o valiosas cargas debía ser idónea y preparada.

Hasta los últimos años del siglo XIX, la conducción de los trenes estuvo a cargo de personal inglés, entrenado en su país de origen, pero resultaba evidente que ya había en la Argentina gente apta para asumir esas responsabilidades. Un tanto informalmente, fueron entrenados algunos maquinistas locales.

El 20 de junio de 1887, los maquinistas constituyeron La Fraternidad de Maquinistas, Foguistas y Conductores de Locomotoras. el más antiguo de los gremios del país, que agrupaba a las personas que trabajaban, precisamente, en las máquinas de tracción, pero no incluía al resto del personal ferroviario.

97

Facsímil del primer sello identificatorio del gremio.

La escuela

Entre las distintas acciones que planteó el gremio estaba la de institucionalizar la formación de maquinistas en la Argentina.

Uno de los pioneros, que ocupó un lugar muy importante en todo el proceso del desarrollo de esta parte de la historia de los ferrocarriles, fue el ingeniero Carlos Echagüe.

Echagüe era un verdadero organizador, que hizo valiosísimos aportes entre los que figura la redacción del primer estatuto de La Fraternidad.

En 1890, Echagüe tomó la iniciativa de que la propia Fraternidad asumiera el problema y en consecuencia fundó la Academia de Instrucción para Aspirantes a Maquinistas de Locomotoras Ferroviarias.

Ingeniero Carlos Echagüe, fundador de la Escuela Técnica de La Fraternidad en 1890, y director hasta 1902.

Archivo General de la Nación.

Un problema que debieron enfrentar era el del reconocimiento por parte de las autoridades de la validez de la formación que se encararía. La autoridad competente era la Dirección General de Ferrocarriles, la que tras diversas negociaciones aceptó la legitimación de este esfuerzo.

En 1898 se realizó el primer programa de capacitación, todo un desafío que se superó con éxito. Sin embargo, era necesario darle mayor consistencia al reconocimiento. Esto se logró el 14 de febrero de 1902, cuando el Poder Ejecutivo Nacional sancionó el Reglamento de Exámenes para Conductores de Locomotoras.

Mediante esta decisión, se establecía que los egresados de la Academia debían someterse a un examen controlado por el Estado y las empresas, tras lo cual los maquinistas eran certificados como tales y quedaban habilitados para desempeñar sus funciones.

Pronto este mecanismo se extendió a diversos puntos del país, puesto que los estudiantes del interior no estaban en condiciones de trasladarse a Buenos Aires. En 1937 funcionaban más de 150 escuelas con este sistema.

Dichas escuelas comenzaron su accionar con instructores voluntarios. Es decir, maquinistas que en sus días de franco enseñaban a sus compañeros.

Aquí aparecen dos curiosidades que constituyen hechos excepcionales en la historia de la capacitación de la Argentina.

- La primera se refiere al hecho de que la capacitación no es hecha por la empresa, sino por un sindicato. Esta situación permanece hasta el día de hoy (año 2007). Oficialmente, no hay en la Argentina nada comparable a la Escuela Técnica de La Fraternidad, exclusiva responsable de la formación del personal.
- La segunda curiosidad reside en el hecho de que un decreto del presidente de la Nación, por ese entonces el general Julio Argentino Roca, establecía no

solo un Reglamento de Exámenes para Conductores de Locomotoras, sino que definía los contenidos de los cursos y los aprendizajes que debían realizar los trabajadores para poder desempeñarse en cada uno de los puestos dentro de la locomotora, su nivel de experiencia y desempeño. Dado que solo un nuevo decreto presidencial puede derogar al anterior, cada vez que hubo avances significativos en las tecnologías de las locomotoras, el presidente de la Nación debió autorizar el cambio de los contenidos de la capacitación, como sucedió en 1921, 1927, 1937 y 1962.

Tras la difícil pero exitosa gestión del ingeniero Echagüe, la dirección de la escuela quedó en manos del ingeniero Mateo Lovadina, quien ocupó ese cargo desde 1902 hasta 1925.

Tengamos en cuenta que en esa época era sumamente frecuente la aparición de nuevas máquinas y equipos con sustanciales diferencias entre modelos y fabricantes.

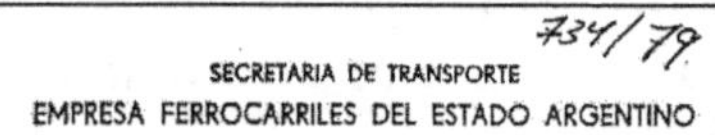

Facsímil del decreto presidencial n° 12.043 de 1962 que actualiza los contenidos de la capacitación, los requerimientos de aprendizajes por puesto y contenidos temáticos de los exámenes que debían aprobar los aspirantes a los distintos puestos.

Lovadina no se limitó a la dirección de los procesos educativos, sino que además publicó numerosos trabajos de su especialidad en la revista del gremio y dirigió la publicación *El conductor de máquinas.*

Esta parte del trabajo de Lovadina se justificaba por un aspecto muy importante en procesos de capacitación de tareas sujetas a frecuentes novedades y desarrollos técnicos: vio la necesidad de divulgar los conocimientos a todos los afiliados del país como una manera de sostener los aprendizajes en el tiempo y actualizarlos.

El proceso de formalización de la actividad educativa de La Fraternidad avanzó notablemente cuando se encuadró dentro de la ley 11.544, destinada al trabajo ferroviario. Esa norma se aprobó en 1921, año en que La Fraternidad fue reconocida para tratar con las diferentes empresas ferroviarias todo lo atinente a la tarea de preparar conductores.

Los exámenes

El 11 de junio de ese mismo año se sancionó un nuevo reglamento de exámenes. Hasta ese momento, los exámenes a los candidatos eran tomados por representantes del gobierno y de las empresas, pero a partir de entonces se aceptó la participación de los delegados gremiales como fiscalizadores.

Seis años después, también por gestión del gremio, se creó la Mesa Única de Examen bajo el control de la Dirección General de Ferrocarriles. En el nuevo reglamento quedó establecido que los fiscales de la organización deberían provenir de la parte técnica de La Fraternidad.

La incorporación de tecnologías

La expansión del transporte férreo en esa década llevó a las empresas a incorporar tecnologías. Pero si bien se renovaban los elementos de trabajo, no sucedía lo mismo con los criterios que debían regir la relación con los trabajadores: la formación tecnológica la daba el gremio.

En 1921 se aumentó el número de escuelas con instructores para conducir trenes eléctricos y coches motores.

Como ya he anticipado, al cumplirse los cincuenta años de La Fraternidad en 1937, las escuelas eran más de 150 en todo el país y todas ellas funcionaban en los locales sociales del sindicato.

Los planes de estudio

Desde el momento en que la capacitación fue parte integrante de la Convención Colectiva de Trabajo, los planes de estudio fueron elaborados con la participación de La Fraternidad para, entre otros fines, adaptarse al fenómeno de la automatización y otras innovaciones tecnológicas.

Los programas de estudio –reconocidos por el Consejo Nacional de Educación Técnica (CONET)– guardaban afinidad con los del ciclo básico de las escuelas industriales, escuelas de educación técnica o de capacitación por especialidad.

La formación teórica era acompañada por un adiestramiento experimental en las mismas locomotoras, en coches eléctricos o en unidades automotrices en instalaciones ferroviarias.

La selección de instructores

Durante los períodos en los cuales los ferrocarriles pertenecieron al Estado, la selección del personal apto para instruir se realizaba de la siguiente manera.

En primer lugar se estudiaban en forma conjunta con la empresa las necesidades de instructores en las escuelas técnicas, y se publicaban las vacantes en el lugar donde se producían. Este llamado se hacía con 90 días de anticipación a fin de que el candidato dispusiera de tiempo para preparar su examen.

Jorge Larroca y Armando Vidal, en su libro *Rieles en lucha*[1], nos relatan que: "El temario es conocido por todo el gremio. Luego se convoca a examen ante un tribunal integrado por un representante de la línea a la cual pertenece el postulante, uno por la Gerencia de Capacitación de Ferrocarriles Argentinos y un tercero por La Fraternidad, todos ellos idóneos en la especialidad y con idénticas facultades. El examen consta de una parte oral y otra escrita. No aprobar la primera representa la eliminación. Para la segunda es necesario obtener como mínimo el 60 por ciento del puntaje. Aprobado el examen de instructor de conducción, debe posteriormente obtener el certificado de formación profesional que otorga el CONET".

A partir del proceso de privatización realizado en los últimos años del siglo XX, algunas de estas prácticas están siendo revisadas.

El efecto de la capacitación en la carrera del maquinista

En los primeros años de este proceso la posibilidad de ascender de puesto, siempre dentro de la conducción de locomotoras, estaba muy relacionada con la antigüedad, así que cuando se observaba la posibilidad de producirse una vacante, su "heredero natural" se presentaba a la escuela con el fin de ser adiestrado y, si aprobaba los exámenes, tenía grandes posibilidades de acceder al puesto.

La lenta renovación tecnológica justificaba este sistema. Con la aparición de locomotoras más modernas, estos criterios se fueron modificando.

---

1. Publicado por La Fraternidad en 1987.

Otro episodio curioso

Durante la gran huelga de maquinistas del año 1912, las empresas, con el propósito de desalentar a los huelguistas, publicaron en el diario *La Nación* del 12 de febrero, el aviso que se ve a continuación en el que ofrecen capacitación a los mecánicos ferroviarios como una forma de velada amenaza de despido a los huelguistas.

La continuidad

Esta institución ha funcionado sin interrupciones desde 1890 hasta el momento en que fue escrito este trabajo (2007), por lo que podemos afirmar que es el centro de capacitación de existencia ininterrumpida más prolongada de la Argentina.

Enseñanzas con la perspectiva actual de la capacitación

En este caso vale la pena destacar varias cosas útiles para nuestra visión de la capacitación.

En primer lugar, prestemos atención a la circunstancia de que la instalación de la escuela fue un verdadero acto de avance en la transferencia del poder radicado en Inglaterra hacia la Argentina. Cuando hoy escuchamos que "la información es poder" deberíamos remitirnos a este antecedente.

Por otra parte, nos enseña el rol activo de los comprometidos en el proceso de aprendizaje. Reconozcamos que no son pocas las veces en las cuales las decisiones educativas dejan afuera la visión de los que tienen que aprender.

También nos muestra las posibilidades que existen cuando el Estado, el sindicato y la empresa son capaces de conjugarse armónicamente para resolver un problema de capacitación.

Finalmente, vale la pena destacar la trayectoria más que centenaria de este centro de capacitación, lo que prueba la vigencia del sistema creado.

Fuentes

Decreto n° 12.043 del año 1962, publicado por la Secretaría de Transporte y la Empresa Ferrocarriles del Estado Argentino.

Referencias verbales del Sr. Oscar Incatasciato, actual instructor de conducción de la Escuela Técnica Central.

Rieles en lucha. Aportes para la historia del sindicalismo argentino, Jorge Larroca y Armando Vidal, La Fraternidad, Buenos Aires, 1987.

2.7. DEL CABALLO AL *TROLLEY*

LA ESCUELA DE *MOTORMEN*
DE LA ANGLO ARGENTINA

1909

Los tranvías de Buenos Aires

El crecimiento de la ciudad de Buenos Aires planteó la necesidad de conectar sus puntos más importantes con medios públicos de transporte de personas.

Los tranvías de tracción a sangre o tranvías a caballo que comenzaron a circular en 1863 estuvieron entre los primeros intentos exitosos de resolución del problema.

Tranvía tirado por caballos. 1885.

Fotografía de la colección personal de Aquilino González Podestá.

Constituyeron un gran avance y modificaron sustancialmente usos y costumbres de los pobladores, revalorizaron las propiedades y ampliaron las ciudades. No obstante, el sistema resultó lento y sucio.

Cocheros y mayorales, quienes estaban a cargo de los tranvías a caballo. 1894.

Fotografía de la colección personal de Aquilino González Podestá.

Tranvía tirado por caballos.

Archivo General de la Nación.

Pero pasados unos treinta años, cuando ya se disponía de energía eléctrica, se necesitaba más velocidad y la ciudad había crecido de forma tal que hubo que cubrir mayores distancias, fue encarada la sustitución de la tracción a sangre por la electromecánica.

Los tranvías cambiaron los caballos por los *trolley*, una conexión entre el vehículo y el cable que, tendido a unos metros del piso, actuaba como la fuente de alimentación eléctrica.

El primer tranvía eléctrico se probó el 22 de abril de 1897 sobre una línea de rieles aún en construcción que, una vez terminada, uniría la Plaza de Mayo con el barrio de Belgrano, que por entonces era casi un pueblo aparte.

Tranvía eléctrico por las calles de Buenos Aires.
Archivo General de la Nación.

El éxito no se hizo esperar. Más allá de las resistencias comunes a todo cambio, los tranvías eléctricos demostraron en seguida sus ventajas y, como era esperable, rápidamente muchas compañías adoptaron el sistema, que fue desplazando al antiguo.

Buenos Aires llegó a tener una gran red de tranvías eléctricos de cerca de 400 kilómetros de vías y unos 1.600 coches en servicio, pertenecientes a unas 14 empresas diferentes.

La aparición de estos vehículos en las calles no estuvo exenta de riesgos, temores y resistencias. Aquilino González Podestá, en su artículo "Sobre vías y con *trolley*"[1] relata: "No fue fácil al principio, ya que como es de suponer, no resultaba igual, dominar una 'cucaracha' [designación popular de los tranvías a caballo] que a uno de esos nuevos 'mastodontes electrizados'".

La visión popular de esta novedad está muy bien sintetizada en una tapa de la revista *Caras y Caretas* del año 1898, que presenta a la Muerte llevando en brazos un tranvía eléctrico; el apocalíptico epígrafe amenazaba: "Quiso la Muerte un día que no quedara aquí bicho viviente, nos mandó este tranvía que está matando a tanta gente".

Cómico tal vez, pero no muy gracioso para las compañías que veían su prestigio en peligro. Se buscó atenuar el problema incorporando en los coches el "salvavidas", una especie de parrilla ubicada en la parte delantera, que, levantando a quien fuese arrollado, evitaba que cayese bajo las ruedas.

El problema de la capacitación

Como hemos visto en otras historias, lamentablemente no siempre es buena idea trasladar personas de un puesto a otro.

Aquellos hombres preparados para guiar a los caballos sobre los rieles no eran todos necesariamente aptos para manejar máquinas eléctricas de mayor velocidad, mayor complejidad tecnológica y con otros conceptos del servicio.

---

1. González Podestá, Aquilino, en el n° 5 de la revista *Historias de la ciudad*, Buenos Aires, agosto de 2000.

En la foto se ve a un *motorman*
y al tranvía con la parrilla "salvavidas".
Fotografía de la colección personal de Aquilino
González Podestá.

Hasta el nombre cambió. Los nuevos conductores se designaban con la palabra inglesa *motorman*, que sustituía a los viejos cocheros y mayorales de los tranvías a caballo.

Las diferentes empresas debieron encarar el problema de la formación y lo hicieron de varias maneras.

La escuela de la empresa La Anglo Argentina

La Anglo Argentina fue una de las principales empresas de Buenos Aires. A partir de 1909 era indiscutiblemente la más grande del país, quizá también de toda Iberoamérica, y por algunos de sus logros llegó a ubicarse entre las más importantes del mundo.

Estudiaremos el caso de esta empresa porque demostró una particular preocupación por la formación de los conductores de los tranvías y desarrolló algunos avances asombrosos para la época.

La Anglo Argentina creó su propia Escuela de *Motormen*. Se la instaló en la Av. Rivadavia entre Agüero y Sánchez de Bustamente, donde se encontraba la primitiva estación del ramal a Flores del Tramway Argentino, empresa que había pertenecido a Mariano Billinghurst; este la vendió en 1876 a los ingleses, quienes le cambiaron el nombre por Anglo Argentino. La estación se llamaba Jorge Newbery, en homenaje al conocido ingeniero electricista.

La escuela estaba muy desarrollada para la época, muy bien organizada, concebida con eficaces modelos educativos. Desarrolló cuidadosamente sus programas, creó aulas adecuadas a lo que debía aprenderse, y destinó equipos para las prácticas que, como veremos, eran muy completos.

La organización de esta institución se le confió a un verdadero pionero, el inspector D. Eduardo Fayi. Había ingresado en la compañía en 1891 junto con Hipólito Cano y Joaquín Paludé, los que fueron convocados para hacerse cargo de la enseñanza, a los que se sumó Eugenio Fayi, hijo del director, como maestro de mecánica.

En una crónica de la revista *Fray Mocho* se llamó a Fayi "el Joaquín V. González [gran educador de aquellos tiempos] de la enseñanza tranviaria".

La formación

El programa de capacitación para los nuevos *motormen* duraba aproximadamente un mes.

Siguiendo la lógica "de lo simple a lo complejo", el entrenamiento comenzaba por la operación del *controller*, que era el lugar desde donde se manejaba la marcha del tranvía. Era una especie de torreta en la que desplazando una manija, se lograba que el vehículo arrancara, acelerara, disminuyera la velocidad, o se detuviera. A este movimiento se le llamaba "marcado de puntos".

Dado que esta parte era básicamente práctica, se construyó lo que hoy llamaríamos un "simulador". que cumplía una función análoga a los que se usan actualmente para el entrenamiento de los pilotos de aviones.

Sobre una plataforma se habían colocado diez *controllers*, idénticos a los que había en los tranvías, y en cada uno se ubicaba un aprendiz. A su vez, cada torreta estaba conectada a un tablero que le permitía ver al instructor si el aprendiz realizaba las maniobras correctas.

De esta manera, el instructor daba de viva voz órdenes de poner la "manija" en alguno de los cinco puntos que tenía el *controller*. Los aprendices debían cumplir la indicación con certeza hasta alcanzar la velocidad de ejecución propia del manejo de un tranvía en la calle.

Última escuela de *motormen* durante la gestión de Transportes de Buenos Aires, en la que se mantuvo el sistema creado por Fayi en la Anglo Argentina. Aquí se ve a los aspirantes practicando el marcado de puntos en el simulador llamado "tarima de *controllers*".

Fotografía de la colección personal de Aquilino González Podestá.

La segunda parte del entrenamiento tenía una aproximación más "teórica". Allí se aprendían las reglas de tránsito, el comportamiento en público esperado durante el servicio y también se daban a conocer los reglamentos internos, que eran bastante estrictos.

El siguiente bloque de la capacitación se desarrollaba en la calle. Para ello se adaptaron tres coches de manera tal que el instructor pudiese simular situaciones habituales, agregándoles algunos dispositivos como llaves térmicas de corte de corriente, cajas de fusibles, etc.

Tras la comprobación de que el aprendiz sabía reaccionar adecuadamente frente a circunstancias que se le podían presentar, se ingresaba en un tramo llamado "dominio de la calle". Consistía en circular inicialmente por vías poco transitadas, para luego entrar gradualmente y según el nivel de seguridad, a circular por lugares más congestionados.

El sistema educativo contemplaba que el *motorman* debía estar en condiciones de realizar algunas reparaciones menores en casos de necesidad.

Para ello tenían también clases de mecánica que estaban a cargo de Eugenio Fayi. Para practicar adecuadamente, contaban con un coche especial al que, por su configuración, habían bautizado "la jaula".

"La jaula", construida a instancias del ingeniero Nicosia, era un tranvía modelo Imperial modificado.

Fotografía de la colección personal de Aquilino González Podestá.

Este nombre provenía de su aspecto, ya que habían transformado un tranvía del modelo Imperial dejando todos los circuitos y mecanismos a la vista para facilitar su conocimiento.

La adaptación fue hecha por el mecánico Pedro Gómez a iniciativa del Ing. Juan Nicosia.

La práctica en la calle

Luego de una semana de prácticas en los "coche escuela", comenzaban a manejar los coches de línea durante otros 20 días. Durante ese período lo hacían acompañados por un inspector de servicio que los controlaba utilizando una guía semejante a las que hoy llamamos *check list*.

Estas prácticas tenían la duración del servicio normal. Comenzaban a las seis de la mañana y se extendían hasta las doce en el primer turno. Luego de un descanso, se reiniciaban a las dos de la tarde, pero durante estas horas vespertinas la práctica en la calle se alternaba con el repaso de los conceptos teóricos y del reglamento interno.

El "coche escuela" saliendo a la calle.
Fotografía de la colección personal de Aquilino González Podestá.

El requisito final para ser incorporado como *motorman* tenía características escolares, ya que los aspirantes, después de haber satisfecho los niveles de práctica, debían presentarse ante una mesa examinadora compuesta por el Sr. Patou, inspector general de *motormen* del Anglo; el director de la escuela, D. Bernardo Fayi, y el inspector municipal. A pesar del rigor, el nivel de aprobación era muy alto y llegaba al 85% en el primer intento. Aquellos que no aprobaban, tenían una segunda oportunidad.

Cuando en 1939 se estatizaron las empresas de tranvías y se constituyó la Corporación de Transportes de la Ciudad de Buenos Aires, la nueva empresa mantuvo el sistema de capacitación, mediante el cual se siguieron formando conductores con los mismos pasos y criterios que Fayi creara para la Escuela de Motormen de la Anglo Argentino.

Interior del "coche escuela". Pueden apreciarse las llaves interruptoras internas para simular un corte de corriente. Un instructor tira de un cordel para interrumpir la corriente y probar las reacciones del estudiante.

Fotografía de la colección personal de Aquilino González Podestá.

La carrera

Rescatamos del artículo de Aquilino González Podestá algunos comentarios simpáticos sobre la carrera de los *motormen*:

Volvamos al principio. Una vez recibidos, tenían oportunidad de hacer cierta carrera en función de sus desempeños. Comenzaban como "suplentes" y había que esperar las vacantes para ascender a "efectivo".

Dentro de la condición de "efectivo" había tres niveles que en la jerga interna se designaban como: los "pavos" que eran los menos expertos, que normalmente hacían los últimos turnos, a los que se les llamaba "el turno del pavo".

Los que avanzaban, alcanzaban la condición de "gallina" y posteriormente la de "pollo".

Los más destacados, con los años ocupaban los turnos privilegiados y generalmente les era asignada la formación en el trabajo de algún "pavo" que estaba iniciando su carrera.

Enseñanzas con la perspectiva actual de la capacitación

Este episodio nos muestra con extraordinaria claridad la alineación del proceso educativo con la totalidad de las partes de un cambio importante.

Pasar del caballo al *trolley* era mucho más que un cambio de tecnología. Era un avance que impactaría en los usos y costumbres de toda la población, modificaría las nociones de tiempo y distancia y generaría una nueva visión de la concepción urbana.

El caso nos enseña la relación establecida entre el aprendizaje formalizado en el aula, la relación con los objetos, la gradualidad del aprendizaje y la utilización del puesto de trabajo como continuidad natural del espacio estructurado para el entrenamiento.

La creación de las "jaulas" y los tranvías preparados para la enseñanza nos muestran la toma de conciencia de la necesidad de hacer el esfuerzo por facilitar la percepción de lo que no es tan obvio y es difícil de comprender.

La enseñanza del reglamento revela la necesidad de que el trabajador comprenda el marco formativo que regula su actividad.

La incorporación del tema "Comportamiento en público", prueba la preocupación por los aspectos actitudinales en la capacitación de personas que no eran seleccionadas entre los sectores más educados de la sociedad.

Fuentes

Se agradece la colaboración del Sr. Alfredo Caropresi Charras por su preocupación y sus aportes en el encuadre del tema.

"Sobre vías y con *trolley*", Aquilino González Podestá en revista *Historias de la ciudad*, n° 5, agosto 2000.

"Tranvías de Buenos Aires", José Pedro Aresi y Alberto Rasoreé, en www.buenosairesantiguo.com.ar.

2.8. LA ENSEÑANZA
EN EL HOTEL DE LOS INMIGRANTES

1912

Una buena parte de la inmigración que transformó a este país entre fines del siglo XIX y principios del XX no correspondía a la imagen de Sarmiento, de hombres educados, provenientes de países del "primer mundo anglosajón" que llegasen para construir un país progresista.

Entre ese sector de inmigrantes "distintos" estaban los venidos de la "Europa pobre", esa parte de Europa cuya historia raramente nos enseñaron en las escuelas pero que igual conocimos conversando con aquellos hombres y mujeres que, como pudieron, aprendieron a trabajar en este país tan extraño para ellos. Seguramente ocupan un importante lugar entre los ancestros de casi cualquier argentino que lea estas páginas.

Hombres y mujeres ignorantes, analfabetos, hambrientos y desconcertados llegaban en enormes oleadas a nuestras tierras. A pesar de semejantes dificultades, algunos de ellos prosperaron y llegaron a ser asombrosos emprendedores, pero otros hicieron solo "lo que podían".

Y no era mucho lo que podían.

Muchos de ellos fueron al campo a trabajar como mano de obra barata y otros se ubicaron en las ciudades, hacinados en conventillos desde donde partían a tomar sus clases en la "universidad de la calle".

Hasta el día de hoy, y espero que por siempre, los argentinos valoramos a aquellos que, sin otra posibilidad, fueron discípulos *simplemente* de la realidad y de la vida.

Hoy, cuando el desarrollo en las ciencias de la educación nos permite revalorizar el espacio que llamamos "aprendizaje informal", vaya nuestro homenaje a todos aquellos que aprendieron a trabajar "como pudieron".

Pero no todo fue así. Será bueno rescatar algunas cosas importantes que sucedieron dentro de este fenómeno fundamental en la construcción de la sociedad argentina.

Lo que sigue no cabe con exactitud dentro del criterio adoptado para esta obra en el sentido de que una empresa o sector de la economía recurre a la acción educativa para resolver un problema concreto. No cabe, porque raramente podríamos ubicar al Hotel de los Inmigrantes dentro de esa categoría. (O sí, si se lo considera en esa época.)

El Hotel de los Inmigrantes era la puerta de entrada de los que llegaban a Buenos Aires. La política inmigratoria pretendía que fuesen bien atendidos y que no fuesen abandonados a su suerte.

Hotel de los Inmigrantes
Archivo General de la Nación.

120

Si bien no podemos generalizar, el Hotel de los Inmigrantes fue una primera buena noticia para los recién llegados. Allí encontraban, aunque fuera por unos días, un lugar donde dormir, instalaciones donde higienizarse y alguna comida digna. Los hombres que habían llegado con sus familias podían salir a buscar trabajo, confiados en que sus niños y mujeres estaban en un lugar seguro. No era poco para ellos.

Allí también los inmigrantes eran registrados, obtenían documentación que les permitía una presencia legal en el país y orientación para ubicarse en la nueva tierra.

Sin embargo, había un problema concreto que resolver y se recurrió a una primitiva (o no tanto) acción de capacitación.

Comedor del Hotel de los Inmigrantes.
4 de setiembre de 1912.
Archivo General de la Nación.

La formación de los hombres sin oficio

Un gran número de los inmigrantes carecían de un oficio o de habilidades que les permitiesen una rápida colocación en el mercado de trabajo. Las autoridades tomaron muy en cuenta este aspecto y especificaron por medio del artículo 48 de la ley 817 que debía ofrecérseles capacitación.

Para ello, en el Pabellón Oeste del Hotel de los Inmigrantes, ubicado en la Dársena Norte del puerto y que se inauguró en 1911, se ofrecían clases de albañilería, carpintería, panadería, herrería y algunas tareas rurales.

No conocemos muy bien cómo hacían este trabajo, pero es evidente que debieron resolver cosas inevitables como las dificultades idiomáticas, ya que la mayoría de los recién llegados no hablaban castellano.

Sí sabemos que se contó con la colaboración de inmigrantes anteriores que se ofrecían a capacitar en sus propios idiomas de origen a sus compatriotas. Tenemos indicios de que estos "instructores" formaban parte de las corporaciones que bajo la influencia de ideas anarquistas y de un socialismo primitivo, conformaban los grupos de oficios en Buenos Aires. Lamentablemente carecemos hasta el momento de documentación que nos ilustre mejor sobre este aspecto.

Esta circunstancia nos hace pensar que tales clases pudieron haber carecido de rigor técnico en lo que hace a la metodología de aprendizaje, pero no nos cabe ninguna duda de que todas estas dificultades fueron superadas por un fortísimo compromiso con las personas.

La formación de las mujeres

Mientras los hombres inmigrantes buscaban trabajo, las mujeres y niñas que los hubiesen acompañado podían permanecer en el hotel.

Una manera valiosa de ocupar su tiempo era la de enseñarles las tareas que, dentro del modelo de ama de casa que imperaba en aquellos tiempos, era necesario que dominasen.

No sabemos mucho de aquella escuela, pero documentos gráficos del 4 de setiembre de 1912 nos permiten tener una idea de lo que era.

Aprendiendo a batir crema.
Museo de la Casa Rosada.

Una clase de costura.
Museo de la Casa Rosada.

Cocinas, máquinas de coser y otros utensilios incorporaban al "confort de la vida moderna" a aquellas mujeres, varias de ellas niñas, cuyas expresiones atentas las muestran tal vez imaginando una vida mejor.

Muchas de ellas desconocían el uso de estas modernidades y con seguridad se ponían en contacto con ellas por primera vez.

La formación del personal

Sin duda, una de las dificultades mayores para atender a los que llegaban era la idiomática.

Así fue que en 1916, comenzaron a dictarse, dentro del hotel, clases que enseñaban los rudimentos de los idiomas más utilizados por los inmigrantes, destinadas al personal que los recibía.

Tampoco sabemos mucho sobre estas clases, pero el intento confirma el altísimo interés que realmente tenía el país en "todos los hombres del mundo que quieran habitar el suelo argentino", como dice nuestra Constitución Nacional.

Enseñanzas con la perspectiva actual de la capacitación

Tal vez esta historia nos enseñe poco desde el punto de vista de las estrategias y técnicas educativas; pero no hay ninguna duda de que nos enseña muchísimo sobre las actitudes abarcadas en los procesos de aprendizaje.

El propio Estado, los empleados del hotel, los improvisados maestros, las nacientes corporaciones y todo lo que el caso nos muestra, nos dice que no hay dificultad que no sea vencida cuando hay voluntad de enseñar y voluntad de aprender.

Además nos convoca a destacar la solidaridad de aquellos instructores improvisados que formaron a sus compatriotas sin pensar en que generaban competidores.

Fuentes

Archivo fotográfico de la Casa Rosada.

Argentina, un país de inmigrantes, Ministerio del Interior. Dirección Nacional de Migraciones, 1999.

Diversos documentos del Museo y Biblioteca del Inmigrante, ubicado en el ex Hotel de los Inmigrantes, Buenos Aires.

Museo de la Casa Rosada.

2.9. EL PAN DE TODOS LOS DÍAS

VENTAS Y SERVICIO

1910

El pan es el símbolo de todos los alimentos, uno de los alimentos más antiguos y apreciados. Hacia el año 1910, frecuentemente se hacía en la propia casa, o se lo compraba a vendedores ambulantes o en panaderías, artesanales en su casi totalidad.

Las variedades de pan eran menos que las actuales y los panaderos de barrio solían fabricarlo con procesos simples heredados generalmente de sus mayores.

Todavía este modelo no solo existe, sino que mantiene el indudable atractivo del "olor a pan fresco" con toda la amenaza para la silueta que significa pasar por la puerta de las panaderías a ciertas horas.

Durante la presidencia de Roque Sáenz Peña (1910-1914) se les solicitaba a todas aquellas empresas extranjeras que compraban granos para exportar, que efectuaran una inversión en el país.

En Bélgica gobernaba el rey Alberto 1° (1909-1914), quien desde Bruselas alentó a empresarios belgas en Buenos Aires a que dieran cumplimiento a lo solicitado.

En 1910, tres emprendedores de esa nacionalidad, Aiton Labadenz, Stirling Americano Estol y Erwin Schifter, descubrieron un nicho de mercado que recibió el nombre general de "panes de molde", para referirse a una oferta de panes industrializados, de los cuales muchos recuerdan el atractivo sabor del popular "pan lactal".

Fundaron la empresa Panificación Argentina, cuyo eslogan publicitario afirmaba: "Líder en panes de molde".

En realidad, el verdadero "descubrimiento" de los belgas no era tanto el tipo de pan sino el agregado de un servicio que marcó una época y un estilo que se identificó con el nombre de la empresa que fundaron.

Comenzaron creando unos carritos traccionados por personas, en su casi totalidad de origen gallego, quienes "timbraban casa por casa" ofreciendo la mercadería.

Estos carritos ya tenían el embrión de lo que sería el rasgo distintivo de Panficación Argentina: la venta a domicilio y el servicio al cliente.

En los primeros años, estos mensajeros cargaban su mercadería en la playa central que estaba ubicada en la calle Rojas entre Canalejas y Méndez de Andes de la ciudad de Buenos Aires.

Cada uno de los "gallegos" –nombre que posteriormente se extendió a todos los que hacían ese trabajo independientemente de su nacionalidad– tenía que cubrir un determinado recorrido.

Muy pronto, para 1914, la distribución en zonas mayores obligó a reemplazar la tracción humana por los llamados "burros", que no eran burros, sino caballos, y a modificar el carrito, que ya no sería empujado por el "gallego", sino tirado por el caballo. Los "carritos" se hicieron más grandes y pasaron a ser "carros".

Esto no debería sorprender a nadie, a no ser por ciertos detalles de los carros. Eran fabricados por la misma empresa para que fuesen todos iguales, estaban pintados de la misma manera, y organizados en su interior con criterios de exhibición de productos que hoy están totalmente vigentes.

La limpieza del carro y del propio vendedor era un factor decisivo del servicio.

Los productos estaban ordenados en estantes y en canastos llamados "paneras", con una distribución determinada (para ese entonces además de los "panes de molde", ya existían otras variedades llamadas "panes de piso" –"flautas", "estrellas" y "triunfos"–, así como las galletitas "Colombina").

La disposición del carro estaba pensada para permitir que el cliente pudiese elegir por sí mismo las variedades que deseaba... ¡casi un autoservicio móvil!

Estos carros y la corneta que tocaban para anunciar su llegada llegaron a ser tan populares que se transformaron en el emblema de la empresa que más tarde los incorporó a su isologotipo. Hasta el día de hoy se pueden ver esas siluetas usadas como un símbolo de la actividad.

Representación de los típicos carritos de la empresa Panificación Argentina.

A partir de 1917, la cantidad de vendedores era tal, que fue necesario crear una escuela que funcionó en la calle Canalejas (actual Felipe Vallese) 765 de la ciudad de Buenos Aires, a un costado de la fábrica.

En esta escuela se desempeñaban los instructores, quienes capacitaban a los vendedores en los siguientes temas:

- cuidado y ensillado del caballo,
- limpieza del carro y de las paneras,
- disposición de los productos,
- ofertas de toda la línea, y
- atención al cliente.

El tema atención al cliente era particularmente relevante, pues incluía las habilidades del "timbreo", la calidad del trato, el registro de los consumidores en una libreta llamada "Lista", que el vendedor debía mantener constantemente actualizada, y la organización del recorrido.

La existencia de las libretas dio lugar a la aparición de un cuerpo de "listeros", quienes tenían copias y visitaban a los clientes para verificar que hubiese satisfacción con el servicio, lo que incluía, como ítems de observación y evaluación:

- visita diaria,
- cordialidad en la atención,
- existencia de todos los productos, y
- presentación de ofertas.

Otra cosa que sorprende fue la habilitación en el año 1930 de una línea telefónica para la atención del cliente, la 90 (Parral) – 1000, un número de fácil recordación. Un buen antecedente de los actuales "0800".

Hacia 1950, se incorporaron camionetas Renault con idénticos criterios de exhibición, pero que, a diferencia de los carros, no recorrían casa por casa, sino que se estacionaban en ciertas esquinas clave y se transformaban en verdaderas panaderías ambulantes. Estos vehículos conservaban los valores de limpieza, exhibición y servicio que caracterizaban al estilo de la empresa.

Cuando en el año 1968 se prohibió en la ciudad de Buenos Aires el tránsito de vehículos de tracción a sangre, comenzó una declinación del modelo y se emprendió una política de revendedores supervisados por los antiguos "listeros", ahora llamados "asesores de ventas", quienes tenían la responsabilidad de asegurar la correcta exhibición y limpieza de los productos.

Para sostener este modelo, la escuela se transformó en la Escuela de Capacitación y Psicotécnica, extraño nombre que surge del hecho de que los revendedores, que eran en su gran mayoría almaceneros y dueños de otros puntos de ventas tradicionales, eran sometidos a exámenes psicotécnicos para evaluar su capacidad y calificación para merecer ser designados como distribuidores.

No sabemos en qué consistían tales exámenes, pero es un antecedente muy interesante.

También asistían a esta escuela los que transportaban los productos hasta los lugares de reventa, quienes asimismo debían certificar sus aptitudes psicotécnicas para conducir, y los asesores de ventas, que supervisaban el sistema.

La aparición de modelos comerciales más modernos, como el supermercadismo, hizo declinar definitivamente este modelo comercial, hasta que la empresa cesó en sus actividades, y fue vendida a Fargo. Pero la imagen de los carros de Panificación Argentina y el sonido de sus cornetas seguirá por mucho tiempo asociada a las cosas lindas del Buenos Aires que se fue.

Enseñanzas con la perspectiva actual de la capacitación

Vemos aquí un interesante proceso de innovación. La capacitación favorece uno de los criterios principales del cambio: la identidad de una marca con una agregación de valor al producto mediante el servicio.

Este detalle, no menor, obligaba a asegurar que los diferentes actores que administraban el punto de ventas dispusieran de criterios y capacidades equivalentes. ¿Cómo podría hacerse esto sin un proceso formativo muy preciso y controlado?

Los "listeros", a manera de verificadores del desempeño, ponían el énfasis en el comportamiento de los vendedores, ya que la calidad del producto estaba garantizada desde la fábrica.

Finalmente nos permite comprobar que no hay modelo que dure toda la vida y que, ya sea por variaciones del propio negocio o de los hábitos de consumo o cualquier otro factor, los aprendizajes deben revisarse al compás de la revisión de las estrategias.

Fuentes

Investigaciones inéditas del profesor Alfredo Caropresi Charras.
"La Antigua Panificación Argentina", Carlos von Zedtwitz, en www.buenosairesantiguo.com.ar/notasdebuenosaires/antiguapanificacion.html
Testimonios verbales de antiguos vecinos de Buenos Aires.

2.10. LAS VENDEDORAS DE LAS GRANDES TIENDAS

CIRCA 1913

El comercio es una de las actividades más antiguas de la humanidad y para muchos, inclusive en la actualidad, ser exitoso en una venta es algo que corresponde a ciertas habilidades personales que "se traen en la sangre".

De hecho, esto es una parte de la verdad y vender requiere "algo que no todos tienen" como sucede en casi cualquier actividad humana. Tocar el violín, resolver problemas matemáticos, practicar un deporte, etc. son actividades que requieren cierta vocación, pero también de cierta habilidad personal.

Lamentablemente, muchas veces en las ventas se hizo abuso de esa capacidad y con frecuencia (por lo menos en este país) vender es una actividad bastante cercana a la estafa. Cuando en la Argentina se dice "me la vendieron" o "se lo vendí", raramente se hace referencia a un acto totalmente honesto y por el contrario existe la sensación de que una de las partes obtuvo injustamente beneficios sobre la otra.

Pero a medida que el comercio se iba desarrollando en locales estables donde el interés en retener a los clientes era importante, la cosa iba cambiando… sobre todo porque si aquello sucedía, el "estafado" solía volver... y no precisamente para comprar.

También durante mucho tiempo y aún en la actualidad, aparecían carteles en los negocios que rezaban: "Atendido por sus dueños", dando por supuesto que los propietarios ponían interés en tratar mejor al cliente y satisfacer sus necesidades. No siempre era así, pero la idea sigue estando.

Por lo contrario, se deduce que si los que atienden el mostrador son empleados, habrá un posible deterioro en la calidad de la atención.

Mientras los locales comerciales sean unidades pequeñas que pueden ser "atendidas por sus dueños", lo cosa es posible, pero a medida que crecen en tamaño, diversidad, variedad de productos, complejidad, etc. se ve la necesidad de buscar otro perfil.

De manera más o menos consciente, se acepta que la calidad del desempeño de los vendedores y vendedoras en las tiendas forma parte de sus atributos y constituyen un aspecto complementario de la calidad de los productos que ofrecen.

¡A quién no le gusta ser bien atendido! Esta agregación de valor fue tempranamente percibida tanto por el público como por los comerciantes.

Lo cierto es que el mercado de trabajo no ofrecía personas capacitadas para responder a este perfil, más allá de la buena educación, buenos modales, buena presencia, simpatía, respeto y otros atributos necesarios pero insuficientes.

La formación de vendedoras de salón nos provee para nuestro estudio un caso muy interesante, que podemos ubicar en el año 1913 en la Gran Tienda Harrods.

En esa época –una de las más florecientes de la Argentina– estaba en pleno desarrollo la europeización de Buenos Aires. Por lo tanto, sucedían fenómenos importantes en los usos y costumbres comerciales y consecuentemente, en las estructuras laborales.

La venta en las grandes tiendas incorporó a la mujer como un agente fundamental en las estrategias comerciales, tanto como compradora como en su rol de vendedora profesional.

Ocurrió un gran proceso de concentración de ventas en estos grandes establecimientos, en cierta medida predecesores de los *shoppings* y los hipermercados de nuestro tiempo, y por lo tanto era necesario diferenciarse todo lo posible, tal como sucede cuando un cambio de hábito se impone.

Sin lugar a dudas una de estas grandes tiendas, que además fue la última que cerró sus puertas, fue la de la firma londinense Harrods, ubicada en la calle Florida entre Córdoba y Paraguay de la ciudad de Buenos Aires, la primera sucursal que tuvo fuera de Inglaterra, en un lujoso edificio acorde con los criterios de su casa matriz .

Fachada de Harrods sobre la calle Florida.

Además de Harrods, nombres como Gath & Chaves, San Miguel y muchos otros, formaron parte del paisaje comercial de aquel Buenos Aires, con sus elegantes locales y atractivas ofertas.

Hoy no sorprendería a nadie, pero en aquellos tiempos era toda una innovación que una empresa hiciese un estudio de mercado antes de instalarse en cierto lugar.

Así lo hicieron los de Harrods. Decidieron estudiar los hábitos de compra de Buenos Aires para ver si se justificaba instalar allí una de sus grandes tiendas.

En el estudio de mercado previo dispuesto por los ingleses, se descubrió la existencia de los "boliches", designación despectiva con los que se estigmatizaba a los pequeños puntos de venta.

Estos estaban generalmente en manos de "turcos", que en realidad eran árabes, o "tanos", que en realidad eran italianos no solo de Nápoles, o "gallegos", que eran españoles no necesariamente de Galicia, o "rusos" que en realidad eran judíos.

Estas confusiones en las identidades étnicas desconcertaban a los investigadores ingleses, pero más aún los confundían algunos hábitos que llamaron "perversidades" (así figura en el informe) como las de:

- presionar al cliente,
- vender lo que quiere el comerciante y no lo que desea el comprador,
- engañar con ofertas deshonestas, o
- hacer trampas con los precios.

Aún hoy, no faltan resabios de ese modelo cultural.

Frente a ese cuadro muy generalizado, resultaría muy fácil diferenciarse en el mercado con tan solo recurrir a las buenas prácticas propias de las grandes tiendas de París o Londres, donde nada de esto sucedía y, por el contrario se promovían las habilidades de:

- asesorar al cliente indeciso sin presionarlo,

- ayudarlo a aprovechar las ofertas que se hacían en las liquidaciones (ventas con descuentos de las prendas que quedaban como saldos al acercarse el final de una temporada),
- vincular la publicidad con el interés del cliente, y
- responder con precisión y amabilidad a cualquier pregunta aun a pesar de los malos modales que el cliente pudiera exhibir.

La idea de que la "presencia" de la vendedora, su uniforme riguroso y elegante, su maquillaje y sus modales debían ser los propios de una dama sin competir con las clientes, componía entre otras cosas un modelo profesional que se les enseñaba.

En 1915, cuando ya se libraba la Primera Guerra Mundial y corriendo serios riesgos por los muy posibles ataques de submarinos alemanes a los mercantes ingleses, Mr. Woodman Burbidge, presidente de la empresa, y su esposa hicieron una visita a Buenos Aires.

Mr. Woodman Burbidge ya había estado en la ciudad con motivo de la inauguración de la entrada a la tienda por la calle Paraguay, que daba ingreso a una ampliación.

Burbidge y su esposa tenían una particular predilección por la sucursal de Buenos Aires, de la que decían que debía ser "la más hermosa del mundo" y que les generaba expectativas superiores a las de los locales de Inglaterra. Llegaron el 19 de setiembre en el vapor *Avon* y permanecieron tres semanas en la ciudad.

Si bien no lo he podido corroborar, todo indica que en esa visita traían los cursos de capacitación que se dictaban en Londres bajo la dirección de E. W. Allen, gerente de Entrenamiento del Personal. Tampoco lo sé con exactitud, pero es muy posible que Mr. Allen haya estado en Buenos Aires. Por lo menos la tradición oral recuerda a "un inglés que les enseñaba a las chicas".

Mr. Woodman Burbidge y su esposa en el momento de embarcar hacia Buenos Aires, en 1915.

Foto "Harrodian Gazette", 1915.

Lo cierto es que la calidad de la atención que recibían los clientes en Harrods fue uno de los elementos distintivos de esta casa, lo que hacía evidente la efectividad de la capacitación recibida por las vendedoras.

Enseñanzas con la perspectiva actual de la capacitación

Volvemos a ver a la capacitación como un fenómeno que no está aislado. Se armoniza con una precisa estrategia de marketing, que define con claridad y como requerimiento un conjunto de actitudes, que para este caso, son más importantes que los conocimientos y las habilidades.

También vale la pena destacar la importancia que se le da a "lo que no deben hacer" y es bueno que recordemos que esta parte es también fundamental en la formación. En este caso, la diferenciación con lo que se hacía en los "boliches" y la ubicación de la conducta esperada de las vendedoras, "propia de una dama, pero sin competir con las clientes" revela una intención de definir un espacio de comportamiento.

Fuentes

Buenos Aires 1910, memoria del porvenir, Fundación EPSON.
Testimonios orales de antiguos pobladores de Buenos Aires.
The Harrodian Gazette, Volumen III, n° 9, Londres, 10 de setiembre de
    1915.

Parte 3

DESDE ENTONCES Y HASTA AHORA

INTRODUCCIÓN

Son tantas las cosas sucedidas en el último medio siglo que sería imposible mantener aquí el estilo de las dos primeras partes.

No puedo dejar de lado mi propia condición de testigo, ya que habiendo cumplido más de cincuenta años de ejercicio de esta querida profesión, soy narrador y parte, con los peligros que esto conlleva. Los aportes de queridos amigos y colegas han minimizado este riesgo, aunque también ellos son actores además de relatores.

Por lo tanto, me limitaré a hacer una breve descripción de hechos fundamentales, sin más intención que la de señalar los hitos de un camino muy largo, transitado por miles de personas que han hecho este presente, en el cual los aprendizajes necesarios para llevar adelante los proyectos organizacionales han dejado de ser una curiosidad y constituyen una cuestión estratégica clave.

Es bueno saber de dónde venimos y quiénes hicieron posible esa trayectoria.

3.1. LA FORMACIÓN DE MANO DE OBRA Y OFICIOS ASOCIADOS CON LA INDUSTRIA

Las industrias siempre fueron, por su propia naturaleza, fuertes usuarias del concepto de capacitación. Durante muchos años el aprendizaje se hizo mediante lo que se llamó "capacitación tutorial", por la que el nuevo trabajador aprendía bajo la tutela de uno más experto sin que mediara ninguna estructura educativa explícita.

Sin embargo, con la perspectiva que nos interesa, nos ubicaremos a partir de la primera posguerra (1918), cuando se aprecian los primeros atisbos de la intención de organizar los aprendizajes.

Este proceso se desarrolló muy marcadamente durante la Segunda Guerra cuando comenzó a nivel mundial, y también en la Argentina, un proceso de industrialización más elaborado que generalizó la necesidad de formalizar los aprendizajes.

Este desarrollo fue hasta esa época bastante desordenado y si bien hay ejemplos sumamente interesantes, siguen siendo casos bastante aislados y sin la organicidad como alcanzarían a partir de la segunda posguerra (1945 en adelante).

Por razones obvias, omitiremos hacer la "historia de la industrialización en la Argentina", pero advertimos que si se quiere comprender en profundidad la magnitud e importancia de este período de la capacitación, será imprescindible tener presente este proceso ya ampliamente estudiado por muchísimos autores.

Tan importante fue lo sucedido en este período, que podemos asegurar que la formación de mano de obra industrial ocupó el centro del escenario de la capacitación por más de 25 años, hasta el punto de que en no pocos casos, hablar de "capacitación" era casi un sinónimo de formación de mano de obra.

Para entender este proceso debemos tener en cuenta un factor de gran importancia: la presencia de empresas internacionales.

Si bien desde mucho tiempo atrás hubo muchas actividades industriales, como los ferrocarriles o los frigoríficos, en manos de empresas transnacionales, en este período abarcaron casi todas las actividades. Instalaron sus subsidiarias en el país generando un proceso cualitativamente distinto, en tanto se proponían producir con estándares, conceptos y filosofía industrial internacionales.

La etapa tuvo sus luces y sus sombras, sus cosas admirables y sus cosas criticables, pero en este caso, dejaremos de lado cualquier juicio de valor para dedicarnos a estudiar los métodos formativos que surgieron de este hecho de verdadera significación histórica.

Mientras tanto, las empresas nacionales se desarrollaban en dos direcciones:

- por un lado, las grandes compañías de actividades monopolizadas por el Estado, especialmente las de servicios públicos y energía, reproducían las características de las internacionales en lo que hace a la capacitación;

146

- por el otro lado, las firmas más pequeñas, muchas de las cuales ocuparían el rol de abastecedoras de las grandes, debían ajustar sus procedimientos a las exigencias de las empresas a las cuales vendían su producción.

La presencia de las empresas internacionales alcanzó un alto desarrollo durante la presidencia de Arturo Frondizi, cuando se las redesignó como "multinacionales". En el capítulo 3.2 ampliaremos este punto.

Su introducción en la economía local aportó una visión bastante evolucionada de la capacitación y de la gestión vinculada con sus colaboradores, y a su vez muy asociada con el tipo de demanda de aprendizaje que planteaban sus procesos productivos. Estos eran (y siguen siendo, en alguna medida):

- la formación de mano de obra para los puestos de trabajo en la producción en línea, y
- la formación en oficios industriales.

Estos dos grandes espacios de demanda obligaron a dos tipos de respuestas diferentes y vale la pena explorar un poco sus características.

La formación de mano de obra para los puestos de trabajo en la producción en línea

Muchas de estas empresas tenían (y algunas aún tienen) su sistema organizado dentro de la concepción taylorista de la producción en serie, un modelo que predetermina con gran exactitud lo que el operario de cada puesto de trabajo debe hacer, cómo, con qué medios y en qué plazo. No se necesita que el operario tome decisiones, ni que innove, ni que haga ninguna otra cosa que la definida por la ingeniería productiva. Aun si tuviera sugerencias para mejorar el método, jamás las pondría en práctica sin el consentimiento de los diseñadores.

Recordamos que en la hipótesis taylorista, se asumía que la repetición indefinida de ciertas tareas aumentaba la productividad y reducía los errores.

Por lo tanto, la capacitación necesaria era obvia: se necesitaba una metodología efectiva para que el operario lograse en el menor tiempo posible el nivel de desempeño requerido para el puesto, teniendo presente que no existe una línea de producción más rápida que el más lento de sus eslabones.

Al trabajador había que enseñarle lo más rápido posible lo necesario para que desempeñara su función con los estándares de producción definidos, en el menor tiempo posible ¡y nada más!

Más adelante veremos cómo se resolvió muy bien esta situación.

La formación en oficios industriales

El sistema educativo había desarrollado respuestas muy interesantes desde tiempo atrás en nuestro país. El extraordinario trabajo de los jesuitas en el norte con los indígenas guaraníes; los centros que Manuel Belgrano fundó para la formación en oficios vinculados con la actividad naval; los educadores metodistas de fines del siglo XIX, que se ocuparon de dar posibilidades de recibir educación primaria y aprender un oficio a los niños de la calle que no podían acceder a otras formas escolares más completas; el Estado que comenzó a ocuparse de la creación de las "escuelas de artes y oficios" y las "escuelas industriales" que abastecían de jóvenes capaces de cumplir ciertas especialidades dentro de la mecánica, la electricidad, las construcciones, la hidráulica, etc., forman parte de esfuerzos que no debemos olvidar, si bien, al no haber sucedido dentro del contexto de las empresas, no forman parte de la intención central de esta obra.

Pero, ubicados en las necesidades empresarias, esta formación resultaba bastante inespecífica. En realidad cada empresa necesitaba determinado tipo de mecánicos, electricistas, etc.

Por otra parte, el sistema formal era lento y no se alcanzaban a abastecer las necesidades de las industrias, aunque es de destacar la admirable cooperación que existió entre estas instituciones de formación técnica y las empresas.

Aquí también la demanda era muy clara. Cada empresa necesitaba "sus" oficios. Los mecánicos de la industria de la carne no eran necesariamente los mismos que los de la industria automotriz. Un tornero de una metalmecánica no hacía las mismas cosas que un tornero en la industria petrolera o textil o cualquier otra.

El espacio de responsabilidad de estos técnicos era bastante amplio. A diferencia de los operarios de línea, no tenían tan claro lo que harían al día siguiente y no pocas de las tecnologías en uso eran, y son, rápidamente sustituidas por otras, factor del que surge el siguiente aspecto.

La necesidad de actualización

Antes de la etapa de industrialización moderna, el hijo de un zapatero casi con seguridad sería zapatero. No había mucho espacio para las crisis vocacionales. Utilizaría con orgullo las mismas herramientas que usaban su padre y su abuelo, recurriría a las mismas técnicas y sabía "cómo se hacía un zapato". Ese saber era inconmovible e indiscutible y se exhibía con orgullo.

El proceso de modernización arrasó con todo eso y, con mínimas excepciones, cualquiera de nosotros estaría dispuesto a aceptar que dentro de dos años estará haciendo cosas distintas de las que hace ahora o, por lo menos, que las hará de manera distinta si es que sigue produciendo lo mismo.

Con la perspectiva histórica que nos interesa, debemos recordar a los hacheros del norte que debieron aprender a manejar motosierras, a los esquiladores patagónicos que debieron aprender a trabajar con equipos eléctricos, a los cajeros de los bancos que tuvieron que aprender a manejar computadoras... y podríamos seguir con muchísimos casos similares de los cuales, posiblemente, usted mismo sea un ejemplo, o esté a punto de serlo.

Pocos "decidieron" que debían aprender una nueva forma de hacer las cosas. Igual lo hicieron y muchos aprovecharon esa circunstancia que los obligaba a "pensar de otra manera", a revisar sus propias visiones de lo que es trabajar, y se animaron a encarar emprendimientos que hoy nos sorprenden. Leer las historias personales de algunos de nuestros exitosos emprendedores y enterarnos desde dónde se iniciaron no solo conmueve sino que asombra.

Vendedores callejeros de quesos hechos en sus casas llegaron a tener enormes industrias lácteas; niños que salían a vender los caramelos que fabricaba su madre viuda llegaron a crear fábricas de golosinas de nivel equivalente a las más evolucionadas del mundo... y no hace falta que siga. Usted podría agregar muchos más casos.

También este proceso transformó a ebanistas, albañiles y mecánicos en docentes. Desde esos lugares algunos se convirtieron en dirigentes que movilizaron recursos para que muchos pudiesen andar este camino, creando métodos e instituciones, muchas de las cuales siguen en pie y son testigos contundentes de la voluntad irrenunciable de enseñar y aprender.

¿Cómo se hizo todo esto? Créame que es asombroso y bien vale la pena recordarlo, porque si usted no fue un actor o espectador de este proceso, casi con seguridad lo fueron sus padres o sus abuelos y en buena medida esta Argentina, con sus defectos y errores, se construyó sobre la base de personas adultas que tuvieron que dejar sus tareas rurales para integrarse al proceso de urbanización industrial, de mujeres que tuvieron que dejar sus casas para salir a pelear el espacio laboral de los hombres, o de millones de inmigrantes pobres que tuvieron que dejar sus países de origen donde no había empleo y acometieron una de las más bellas aventuras de la vida: ¡aprender a trabajar!

Porque buena parte de esta historia tuvo que ver con el ascenso social de grandes grupos humanos. Aunque desde nuestra visión actual nos cueste asumirlo, para muchos de esos argentinos, italianos, españoles, etc. llegar a tener un oficio o poder trabajar en una fábrica era un enorme avance social.

Fueron los que crearon la conocida expresión *"m'hijo, el dotor"*. Eran aquellos que descubrían que su esfuerzo iba a ser aprovechado por las siguientes generaciones y se "mataron" para dar a sus hijos la posibilidad de una educación lo más completa posible, que en aquella época, era garantía de ascenso social.

Lamentablemente este libro es insuficiente para mencionarlos. Muchos de ellos aún viven y con seguridad intentar cualquier listado de nombres o lugares nos llevaría a omisiones imperdonables. Así que permítame contarle a grandes rasgos cómo resolvieron estos enormes problemas de capacitación, cuyos resultados están a la vista.

Los métodos activos

Durante el período que nos ocupa ocurrieron varias novedades de importancia en las técnicas de enseñanza; uno de ellos fue la difusión masiva de los llamados "métodos activos".

El nombre proviene de la idea de poner como protagonista principal del proceso al que aprende, y no al que enseña. Este es un cambio significativo respecto de los enfoques tradicionales donde el centro estaba en el profesor, mientras que los alumnos (etimológicamente, "alumno" quiere decir "que está siendo alimentado", del latín *allere*, "alimentar, criar") estaban reducidos a un papel de receptores pasivos.

Los métodos activos proponían invertir la ecuación. El centro sería el aprendiz y todo el proceso se regulaba por lo que el aprendiz iba siendo capaz de "hacer". De hecho, esta propuesta requería por lo menos dos cosas importantes: la condición de adulto del aprendiz y el privilegio del "hacer".

En los métodos activos, lo que se busca es un "hacer", y el "saber" que se desarrolla siempre está en relación a un "hacer buscado".

Queda entonces claro que la designación de "activo" señala el privilegio que se les da en estos métodos al "hacer" del aprendiz. El orden de la enseñanza, la velocidad de la actividad y las etapas del proceso responden a este criterio.

Hay muchos métodos activos y, de hecho, en la actualidad este concepto se ha extendido mucho más allá del campo de la formación en oficios u operaciones concretas.

De los muchos métodos activos existentes, interesan a nuestra investigación histórica dos de ellos: El TWI (del inglés *training within industry*, "entrenamiento dentro de la industria") y el FPA ("formación profesional de adultos" o "formación profesional acelerada").

Estos dos métodos tienen cosas en común, más allá de ser ambos activos, pero también tienen diferencias que vale la pena conocer.

El TWI

Se usaron varias designaciones en castellano como "entrenamiento en el puesto de trabajo" o la sigla ADE tomada de las palabras "adiestramiento dentro de la empresa".

Este método es la sistematización de lo sucedido en los Estados Unidos cuando ya era evidente que participarían de la Segunda Guerra Mundial y se veía que los operarios de las fábricas deberían partir al frente de batalla y sus lugares deberían ser rápidamente ocupados por mujeres, ancianos y personas de capacidades limitadas.

Había dos condiciones que satisfacer: el aprendizaje debía ser rápido y la calidad debía ser tal que la producción no solo no decayera sino se incrementara. En esta guerra, la capacidad industrial sería decisiva.

En este caso, la concepción taylorista de los métodos de producción, muy generalizada en los Estados Unidos, facilitó las cosas al tener en claro qué debía hacer el operario reemplazante, cómo y en cuánto tiempo.

En ese esquema, el supervisor o capataz ocupaba un espacio muy preciso: era el responsable directo de que cada operario hiciese "lo que tenía que hacer".

De este hecho surgen dos elementos importantes: el supervisor debía conocer muy bien las tareas que controlaba y además era el "maestro natural" en tanto tenía a la vista las necesidades de aprendizaje y era el principal interesado en que sus operarios cumpliesen con las expectativas.

En 1940, cuando aún los Estados Unidos no habían ingresado en la contienda pero era evidente que iban a tener que hacerlo (cosa que sucedió después del ataque japonés a Pearl Harbor el 7 de diciembre de 1941), se reunieron hombres de empresa, universitarios, militares y docentes que comenzaron a estudiar cómo, intuitivamente, los supervisores más exitosos lograban formar a sus operarios con cierta celeridad.

De este estudio surgieron elementos que, debidamente sistematizados, dieron lugar al método TWI.

Este método estaba orientado a la formación del supervisor en tres capacidades muy necesarias durante el proceso de sustitución de mano de obra al que obligó la guerra:

- conducir a las personas a su cargo,
- instruirlas rápido y
- mejorar los métodos de trabajo.

Se desarrollaron tres programas en otros tantos manuales destinados a satisfacer estos requisitos.

En poco tiempo, más de dos millones de supervisores, muchos de ellos nuevos, fueron entrenados en los Estados Unidos.

De estos tres programas, el que más nos interesa, a los efectos de este estudio y sin restarles importancia a los otros dos, es el segundo, destinado a la instrucción rápida de los operarios.

En este modelo, en primer lugar se descompone la tarea a ser enseñada en "operaciones".

Luego, para cada una de las "operaciones" identificadas se siguen cuatro pasos:

- se **DICE** lo que se va a hacer,
- se **MUESTRA** cómo se hace,
- se **HACE HACER** al aprendiz,
- se **EVALÚA** cómo actúa el aprendiz.

Si el resultado es satisfactorio, se pasa a la siguiente "operación". Si no es así, se repiten los pasos hasta lograr el resultado buscado. Se continúa operación por operación hasta el aprendizaje completo de las tareas que demanda un puesto.

Después de la guerra, al compás de la internacionalización de las empresas norteamericanas, este modelo alcanzó una enorme difusión en todo el mundo.

Naturalmente, lo que hemos hecho es una enorme simplificación y quienes estén interesados en conocer más sobre el sistema pueden consultar la bibliografía existente, puesto que hasta el día de hoy para enseñar lo que llamamos "operaciones concretas", el TWI sigue siendo una herramienta muy valiosa.

El FPA

Este modelo nació en la Europa de posguerra entre quienes cuestionaban al TWI como un método deshumanizante que desconocía toda preocupación por lograr que el operario "pensara". En cierta medida, no les faltaba razón.

También los europeos intentaron sistematizar la experiencia de los países beligerantes para resolver el mismo problema que habían encarado los norteamericanos, pero lo hicieron después de la guerra. La iniciativa la tomó un pedagogo suizo, Pierre H. Giscard, que trabajaba en Francia.

En 1960, la Organización Internacional del Trabajo (OIT) celebró en Turín, Italia, el Centenario de la Unione Italiana del Lavoro. Para la ocasión se construyó bajo la dirección del gran arquitecto Paolo Nervi un centro capaz de contener a una gran exposición, después de la cual el edificio se destinó a desarrollar modelos educativos apropiados para las necesidades de las industrias. Allí se perfecciona el FPA.

El FPA tiene analogías con el TWI, pero en la intención de "hacer pensar" al aprendiz se encuentran por lo menos dos diferencias fundamentales.

Igual que en el caso del TWI, el FPA divide la tarea en "operaciones" y para cada una de estas, también establece cuatro pasos, dos de los cuales son prácticamente iguales, pero dos muy diferentes respecto del TWI.

- El primer paso del FPA es **PREPARAR** el proceso. Esto implica generar las mejores condiciones para que el aprendiz pueda aprender. El instructor organiza una serie de pasos de la clase cuya secuencia no necesariamente corresponde a la lógica del puesto de trabajo. El criterio utilizado en la preparación es el de una superación gradual de las dificultades a resolver.

- El segundo es **DESCUBRIR**. Con una concepción mayéutica de influencia socrática, se le hacen al aprendiz preguntas que procuran que descubra por su propio razonamiento cómo debe hacerse aquello que se le propone.

Hasta aquí las diferencias. En los siguientes puntos el FPA y el TWI no difieren mucho.

- El tercer paso es **HACER** permitiendo que el aprendiz realice la tarea, y
- el cuarto paso en **EVALUAR** si lo realizado es correcto.

También sobre el FPA existe abundante bibliografía que permite profundizar en esta sintética descripción.

Comparando los dos métodos

Suele haber cierta confusión porque en el uso cotidiano se les asignó a ambos sistemas el nombre de "Método de los cuatro pasos", que era lo que tenían en común. Pero hay diferencias que vale la pena considerar.

Evidentemente, el FPA presta mucha más atención que el TWI a la capacidad de pensar y sin duda el aprendizaje que obiene es más sólido y profundo, pero también es cierto que el FPA es mucho más lento que el TWI y, según los casos, más fatigoso.

La historia nos cuenta que, como siempre, hubo entusiastas y detractores de una u otra opción. También como siempre, los adherentes atribuían a su preferida todas las virtudes y asignaban todos los males a la otra. Para "la gente del FPA", el TWI era "mala palabra" y no faltaron posturas y episodios más cercanos a cuestiones futbolísticas que a las educativas.

Ni tanto, ni tan poco.

Superados los fanatismos, la práctica demostraba que los "adoradores" del FPA se daban cuenta de que el esfuerzo de "hacer descubrir" no siempre se justificaba y, cuando así era, aplicaban por un rato al TWI (cosa que jamás hubiesen reconocido en público), porque los tiempos de los que disponían para entrenar, a veces, no daban para tanto y los propios aprendices preferían que les dijeran cómo debían hacer algo y no que los fatigaran haciéndoles descubrir lo que ya era claramente conocido.

Por otro lado, si se espiaba a los defensores del TWI mientras trabajaban, se los podía ver luchando para que los alumnos no trabajaran como robots, tratando de que pensaran, que entendieran lo que estaban haciendo, que se dieran cuenta por sí mismos por qué debían hacer las cosas de cierta manera, etc. Tampoco jamás lo hubiesen reconocido en público.

Había situaciones en las que los que observábamos estas cosas (o las hacíamos) no sabíamos si estábamos usando el TWI o el FPA, o bien aceptábamos estar usando a ambos. Y a nadie se le ocurría que eso estuviese mal, siempre y cuando el destinatario aprendiese rápidamente lo que tenía que hacer, sin que por ello se ignorase su condición de persona.

La Argentina: instituciones y personas

La Argentina recibió el modelo TWI simultáneamente con la llegada de las empresas multinacionales de origen norteamericano y cada una de estas industrias tiene su propia historia para contar, todas las cuales guardan semejanzas en el proceso más allá de las diferentes situaciones que por su propia naturaleza les dieron identidad y riqueza.

Las empresas que no eran de origen norteamericano rápidamente incorporaron el concepto al compás de otro cambio no menor: la modificación cualitativa de la función de las áreas hasta entonces llamadas "de personal".

Hasta ese momento esa era una función de fuerte orientación administrativa, pero la evolución obligó a su modificación en cuanto a los nombres de "relaciones humanas", "relaciones industriales" y otros semejantes, que representaban una visión más integral del trabajador visto como "persona". Apareció entonces la discutida expresión "recursos humanos" como reemplazo de "personal".

Los gerentes responsables de esta función se agruparon en una asociación llamada "Instituto Argentino de Relaciones Industriales" (IARI), constituida, entre otros, por Oscar Carbone, Salvador R. Dorta, Carlos R. Argimon y Héctor Jasminoy.

Uno de los problemas que tuvieron que atender enseguida fue, precisamente, el de la formación.

Por otra parte, durante el gobierno de Juan Perón, se sancionó la ley 12921, que establece un impuesto destinado a cubrir las necesidades formativas de la clase obrera.

Como una derivación de dicha ley, se creó la "Comisión Nacional de Aprendizaje y Orientación Profesional" (CNAOP). Comenzó entonces un interesante proceso de cooperación entre el Estado y las empresas y sucedió un episodio trascendental: la OIT envió a la Argentina y a casi todos los restantes países del continente a grupos de expertos en la metodología FPA. Héctor Ruiz Moreno fue designado director de Correspondencia de la OIT para Argentina, Uruguay y Paraguay.

El Centro de Productividad de la Argentina (CPA)

El 11 de octubre de 1960 se firmó el "Plan de Operaciones" entre el gobierno argentino, el Fondo Especial de las Naciones Unidas y la Organización Internacional del Trabajo (OIT), que creó el Centro de Productividad de la Argentina (CPA) como órgano ejecutivo del Plan de Operaciones.

Este incluía la difusión del concepto de productividad, promoción de la aplicación de técnicas, capacitación para todos, investigaciones a niveles sectorial y nacional y, en especial, asistencia técnica a la pequeña y mediana empresa.

Era patrocinado por la Secretaría de Estado de Industria y Minería, el Instituto Nacional de Tecnología Industrial (INTI), el Banco Industrial de la República Argentina (BIRA) y la Asociación Argentina de la Productividad (AAPRO). Los expertos provenían de diversos países seleccionados por la OIT, especializados en las diversas técnicas de gestión, incluyendo la formación de instructores locales, y la difusión de las diversas técnicas de entrenamiento para dirigentes de empresas y sindicatos. Entre ellos puede mencionarse a Lucien Plichon (Francia), Henry M. Kirkpatrick (Estados Unidos), José A. Beltrán de Heredia (España), Jean Delatre (Francia), Rafaelle La Serra (Italia), Benigno Orsini (Italia), Frank Heller (Inglaterra), Rex Strayton (Inglaterra), Max Strassler (Suiza), André Nogués y Antoine Liord (Francia), y Carlos Kollmannpersger (Alemania).

En enero de 1962, el CPA organizó una reunión con las entidades que realizaban actividades de capacitación, entre las que estuvieron: el Centro Argentino de Técnicos de Estudios del Trabajo (CATET), el Centro Argentino de Estudios sobre Organización Industrial (CADESOI), la Asociación de Dirigentes de Ventas (ADV), el Instituto Argentino de Seguridad (IAS), el Instituto de Desarrollo de Ejecutivos de la Argentina (IDEA), el Instituto Argentino de la Administración Pública (ISAP) y la Sociedad Argentina de Organización Industrial (SADOI).

Actuaron como contrapartes locales de los expertos en sus respectivas especialidades Carlos A. Burundarena, Juan C. Podestá, Cristian Rojo, Salvador B. Coppola, Héctor I. Jasminoy, Jorge Meier, Ernesto Bendinger, José Viegas, Jorge Terzoglio, Federico H. Querio, Arturo J. Aguilar, Guillermo Riesemkampf, Carlos Raña y varios más.

Entre los representantes de empresas estaban Fabio Lendoire, de Agua y Energía: Alcibíades Iranzo, de SOMISA; Alberto Albarracín de Fiplasto y Eduardo Galletti de La Papelera Argentina; Oscar A. Richter, de Industrias Llave; Oscar Zoani, de Cocinas Volcán; God Czertok de Shell, y otros, que actuaron en diversas actividades del CPA.

El CPA comenzó a formar instructores tomando gente entre los maestros de enseñanzas prácticas (MEP) y personas con dominio de los oficios. Desarrolló una enorme actividad formando instructores internos en las empresas para que pudieran a su vez entrenar a sus propios operarios. También las grandes empresas hicieron notables inversiones en centros de capacitación con facilidades importantes.

Más adelante, el CPA fue incorporado al Ministerio de Educación, como parte del Convenio con la OIT, y se creó dentro de este ministerio la dependencia Formación Profesional de Adultos (FPA), ubicada dentro del Consejo Nacional de Educación Técnica (CONET), bajo la dirección de Emiliano Calvo, quien le dio gran impulso a la gestión, especialmente en lo relacionado al reclutamiento de instructores.

Sería imposible incorporar todos los nombres de destacadas figuras de este proceso, pero a manera de ejemplo mencionaremos a Manuel González, Adolfo Alberto Ortiz, Raúl Oscar Sarraillet, Alfonso Dell'Orto, Carlos Alberto Fajardo, Augusto Chiarrone y Lorenzo J. González.

La iniciativa fue sin duda la operación educativa más grande que haya sucedido en la historia de la capacitación técnica en la Argentina.

Pero no fue exclusiva de nuestro país. Las diferentes misiones de la OIT desarrollaron tareas semejantes en otras naciones latinoamericanas. Para apoyar y registrar este trabajo, la OIT creó, con sede en Montevideo, a CINTERFOR, institución dedicada a publicar materiales y trabajos que se compartían entre los distintos países.

La declinación

El inexorable paso del tiempo puso en evidencia, una vez más, el hecho de que cada cultura desarrolla su propio modelo educativo. La cultura industrial que produjo los hechos descriptos comenzó a mudar y se fue desdibujando su modelo educativo correspondiente: el TWI y el FPA fueron quedando relegados a un momento determinado de la historia de la industria argentina.

No obstante, muchos creemos que los criterios básicos de estos dos métodos mantienen vigencia y los vemos aplicados, muchas veces sin saberlo, por las nuevas generaciones de capacitadores.

¿Qué pasó?

Por una parte, el avance de la automatización como fenómeno masivo modificó los conceptos de "puesto de trabajo" y de "línea", y se diluyó la concepción taylorista.

Nuevas ideas obligaron a revisar el rol de los supervisores (y hasta a excluirlo) y también modificaron la ideología de la organización del trabajo.

Por otra parte, el concepto de *tercerización* de algunas funciones, como el mantenimiento y otras, replanteó sustancialmente los requerimientos educativos de los trabajadores ocupados en estas tareas.

La aplicación masiva de la informática generó una visión diferente del trabajador.

La demanda de mano de obra se modificó en cantidad y calidad, se redujo la estabilidad del trabajador y, en la Argentina de los años '90, presenciamos una reducción de la actividad industrial que está demasiado cercana como para incorporarla a la historia.

Asimismo, el Estado desatendió la formación técnica y se pudo observar una fuerte declinación en la cantidad y calidad de los egresados.

Esta cuestión amplió la brecha entre lo que entregaba el sistema educativo formal y las necesidades de las empresas.

Se recurrió entonces a mecanismos como las pasantías, dentro o no de los frecuentes "Programas para Jóvenes Profesionales", becas, prácticas rentadas y otros sistemas.

En el momento que escribo estas páginas, Argentina está saliendo de su crisis más profunda. Sabemos que hay una estrecha relación entre la dimensión de las crisis y la dimensión de los cambios que les siguen. Todo hace pensar que la formación de trabajadores técnicos no escapa a esta ley y merece una discusión y un replanteo tan profundos como los que se hicieron en los años de la posguerra.

3.2. LA FORMACIÓN DE LA CONDUCCIÓN MEDIA Y SUPERIOR

La formación del nivel superior

La formación de personas con responsabilidades sobre el trabajo de otras aparece de manera organizada más tardíamente que otras manifestaciones de la capacitación, sobre todo en el nivel superior.

La Argentina tenía, al igual que muchos otros países, un modelo de conducción de características "patronales", donde el poder lo ejerce el propietario. La expresión "patrón de estancia" para definir ese estilo tiene una fácil explicación en un país predominantemente rural como el nuestro.

Dentro de este modelo, la idoneidad está subordinada a la propiedad y los vínculos (familiares o de amistad) son más importantes que las capacidades profesionales. Para ser históricamente rigurosos digamos que ese modelo no siempre funcionó mal. Pero es por demás evidente que tiene un techo bastante obvio y sus límites y problemas se perciben con facilidad.

También hay que reconocer que sigue funcionando en una cantidad importante de empresas, especialmente en aquellas denominadas PyMEs.

A medida que las empresas nacionales se vinculaban con las internacionales, hacían acuerdos, adquirían tecnologías, representaciones, etc., o bien, cuando las propias empresas internacionales se instalaron en el país, apareció la demanda de una conducción profesional y por lo tanto se planteó también la necesidad de contar con instancias formativas para satisfacer este requerimiento. Había que formar gerentes.

Un chiste que repetíamos por aquella época era "Un gerente es un empleado que trabaja de patrón".

También debemos mencionar que nuestro país no se propuso seriamente la búsqueda de modelos de conducción propios y prefirió adoptar ideas y estructuras que ya se aplicaban en los países más desarrollados, sobre todo en los Estados Unidos. Se lo hizo con muy poca o nula criticidad, aceptando con exagerado facilismo que aquello que servía en Norteamérica no tenía por qué no funcionar en la Argentina.

Sucedió que en los Estados Unidos el pensamiento sobre las organizaciones se modificó con gran velocidad al ritmo de la aparición de sucesivas escuelas, cada una de las cuales buscó interpretar algún matiz particular en las nuevas realidades o intentó cubrir aspectos débiles de la anterior.

Como pasa siempre, el momento de aparición y del ocaso de estas líneas de acción no es muy preciso. En la realidad, cada modelo tenía antecedentes en el anterior y también se proyectó sobre el siguiente, en una sucesión donde el surgimiento de uno no significó necesariamente la desaparición absoluta de los otros. Por eso, cuando hablamos de estas escuelas y sus épocas estamos hablando de algún protagonismo hegemónico que era más visible en los foros de debate que en la realidad, por lo menos si tomamos a la realidad como una generalización del total del mundo del trabajo. Sin mucho esfuerzo podemos encontrar en la actualidad (aun dentro de una misma empresa) alguna metodología predominante, pero que convive con elementos de las otras.

Para organizar este capítulo he optado por seguir una valiosa contribución de Saturnino Herrero Mitjans, quien sistematizó datos históricos siguiendo la clasificación por escuelas planteada por Gareth Morgan con respecto a los paradigmas sociológicos. No estoy muy seguro de que la palabra "escuela" sea la más correcta para el caso, pero el lector sabrá comprenderme.

En este capítulo, y con la valiosísima colaboración de Herrero Mitjans y de otros protagonistas de la historia real, intentaré describir las ideas principales de dichas escuelas, la manera en la que se manifestaron en la Argentina y las instituciones, empresas y personas que, de alguna forma, se identificaron con cada una de ellas. Varias veces recurriré a transcripciones de material registrado en entrevistas.

Reitero que de manera inevitable caeré en omisiones injustas y en este caso particular, al intentar asociar personas, instituciones y empresas con maneras de pensar, seguramente me expondré a asociaciones discutibles. El único propósito de hacerlo así es el de facilitar una lectura algo más ordenada de esta parte fundamental de la historia de la capacitación.

Tal como lo hace Herrero Mitjans en su esquema, el texto clasifica los movimientos o las corrientes más importantes que se dieron entre las décadas de los '30 y de los '80, en lo que respecta a los programas de formación, no solo gerencial, sino también de cuadros intermedios.

La escuela racionalista

La escuela racionalista es un producto de la filosofía taylorista de la organización de la producción, pues traslada a los niveles de conducción –especialmente a la intermedia, de los llamados capataces– la descripción precisa de lo que cada operario debe hacer en su puesto de trabajo y cómo debe hacerlo.

Su aplicación se manifestó de diversas maneras. Una de ellas fue el concepto de **tiempos y movimientos**, que trataba de precisar lo que se debía hacer en un determinado puesto de la línea y daba a los capataces la responsabilidad predominante de controlar estas variables de la producción. Esta expresión fue hegemónica en la industria entre los años 1930 y 1950 y fueron las pioneras de su práctica Standard Electric, Alpargatas y Siam.

En Standard Electric, se tenían como referente conceptual los trabajos del matrimonio Gilbreth. Standard Electric había hecho un enorme esfuerzo de desarrollo en los Estados Unidos sobre este tema.

Alpargatas tenía una versión inglesa de esta concepción, que aplicó en sus unidades productivas.

Siam estaba bajo la influencia de Westinghouse. Las heladeras Siam eran hechas con licencia Westinghouse, empresa que llevaba muchos años trabajando en este aspecto. Recordemos que los estudios Hawthorne de Elton Mayo se hicieron en esta antigua planta de la Westinghouse.

En la puesta en marcha de estos modelos hubo gente que se destacó mucho, como Andrés Lucífero y el grupo que trabajó en la Standard Electric.

Otra variante del enfoque racionalista fue el tema de **organización y métodos**. Este matiz pone el acento en la calidad de la relación entre los puestos y trata de optimizar la organización del trabajo, sin por ello dejar de lado lo que plantea la aproximación anterior.

Algunas entidades, como CADESOI y el IARI, lo aplicaron, y otras trabajaron también con la capacitación de la conducción intermedia. Entre ellas, la Compañía Nacional de Cajas Registradoras (NCR), la Standard Electric e IBM, esta última sobre todo en las décadas de los '50 y'60. En la Esso, era un programa estándar que todo el personal que ingresaba a la compañía debía cumplir entre los seis u ocho primeros meses de trabajo.

Dentro también del enfoque racionalista, pero ya en otro rango, más vinculado a los modelos matemáticos, se halla la **investigación operativa**. Esta variante pone el foco en los procesos mayores y en los resultados, aunque tampoco deja de lado las anteriores. Importantes protagonistas fueron el ingeniero Isidoro Marín y la Sociedad Argentina de Investigación Operativa en la que él trabajó muy intensamente entre los '60 y los '70.

Una última versión es la **teoría de la decisión**. Este enfoque deriva predominantemente del pensamiento de Robert Mac Namara, político norteamericano vinculado con los temas militares, que trabajó el modelo en la General Motors. (Más tarde, Mac Namara llegó a desempeñarse como secretario de Defensa de su país.)

En la Argentina, lo recogió Federico Frischknecht, inspirado en Herbert Simon y su escuela. En aquella época, Frischknecht publicó *Esquemas para ejecutivos*, un conjunto de fichas que podían aplicarse a la resolución de cualquier problema.

La escuela de las relaciones humanas

A partir de los años '40, este modelo se superpuso durante un tiempo al anterior, al que más que cuestionar, pretendía humanizar.

Tal como se refleja en la película *Tiempos modernos* de Charles Chaplin, el contexto de la Segunda Guerra Mundial reveló la necesidad de un tratamiento más humano de los trabajadores. También durante el conflicto bélico se necesitaba maximizar la producción y la observación de otras variables no tan "duras" fueron consideradas por este enfoque.

También influyó en los programas de capacitación interna en las empresas, como lo fue en la Esso, Ducilo (filial argentina de Dupont), Alpargatas y otras. Como instituciones, el IARI recogió la propuesta, como consecuencia de lo que se creó el ya mencionado Centro de Productividad de la Argentina (CPA).

El enfoque permitió empezar a ver a la capacitación como algo no tan atado a la producción industrial. Fue el área de ventas una de las primeras en incorporar sus conceptos.

Así, por los años '50, Siam fundó la pionera Escuela de Vendedores, que funcionaba en un viejo salón en Avenida de Mayo. Allí se trabajaba mucho con el modelo AIDA de ventas, que era una gran novedad en aquellos años, traída de Westinghouse.

Desde la óptica actual, el modelo AIDA nos parece de una simplicidad casi ingenua, pero debemos reconocer que era un organizador bastante interesante de la actividad del vendedor y su relación con el cliente, que abrió las puertas a un sucesión de modelos y propuso ciertas estructuras de la entrevista que suponían un manejo más efectivo de la situación.

Otra escuela de vendedores muy influyente fue la de la Compañía Nacional de Cajas Registradoras (NCR). La venta de sus productos exigía un nivel de tecnificación mayor. Recordemos que eran máquinas muy sofisticadas para la época, y a eso había que sumar el *service*, el entrenamiento del usuario, el problema de los repuestos y materiales de consumo, etc. Es decir, que se estaba frente a una operación mucho más compleja y se necesitaba un tipo diferente de vendedor, al que se proveía de maletín, carpeta, manual, guías de instrucción, etc.

El vendedor disponía de un conjunto de apoyos importantes y se asentaba en un sólido esquema salarial. Todos los días había una reunión de vendedores. La motivación era constante: boletines, carteleras, premios mensuales y anuales. La capacitación empezaba a tener en cuenta la cuestión de las actitudes.

En esa época (1960), el IARI se transformó en el IADE (Instituto Argentino de Dirección de Empresas) que aún existe. El cambio permite visualizar algo que ya venía ocurriendo: la reducción del protagonismo de la visión industrialista, y la transformación de la capacitación superior y media en algo más relacionado con un amplio concepto de la dirección de empresas.

La escuela empirista

En la práctica, los enfoques descriptos tenían como principales destinatarios a los miembros de la conducción intermedia, llamados en no pocos lugares "mandos medios". Creo que la palabra "mandos" no era casual y poco escondía una cierta manera de entender el vínculo entre jefes y colaboradores.

Así como la capacitación empezó "desde abajo", privilegiando la formación del trabajador de base y luego "subió" a la conducción intermedia, en la década de los '50 empezaba a hacerse cada vez más evidente que debía "subir" un escalón más.

La escuela empirista pone el foco en la formación de gerentes y directivos. No fue esta una decisión clara, ni siquiera una decisión, sino el fruto de un proceso.

El empirismo se nutre de concepciones neoclásicas, sistémicas, etc. No cuestionaba la validez de los modelos precedentes, pero les asignaba cierta ingenuidad cargada de buenas intenciones difíciles de llevar a la práctica en el día a día.

Lo que se buscaba era unir racionalidad con practicidad, es decir, evitar la racionalidad especulativa de laboratorio, para acceder a una racionalidad aplicada a situaciones concretas.

Recordemos que en esa época empezaba a diluirse en forma evidente el modelo patronal. Ya no alcanzaba con un dueño dotado de intuición y habilidad para los negocios, acompañado por un contador que le administrase y registrase en forma confiable los bienes y recursos. Se necesitaba otra figura, no muy definida, pero sin duda mucho más profesional. La gestión empresarial requería una formación de alto nivel que no era contemplada por la oferta educativa de las universidades.

Esta época ofrece una importante novedad: el acercamiento entre empresas y universidades en la búsqueda de una solución efectiva.

No pocas compañías ya estaban encarando sus propios programas de formación de ejecutivos, pero era evidente que, en la mayoría de los casos, la cuestión excedía a la capacidad interna de una empresa para manejar la cuestión.

Una salida provisional era enviar a jóvenes ejecutivos con potencial a estudiar en universidades de otros países, especialmente los Estados Unidos.

Otras instituciones intentaron también ofrecer sus aportes de manera local. Probablemente, el primer programa de formación de directivos de Buenos Aires lo hizo el Instituto de Selección Contable de los hermanos Seoane, conducido en ese entonces por un señor De Marchi.

De Marchi no era experto en cuestiones educativas, pero tenía ideas claras y, en 1956, logró crear en la Bolsa de Comercio el primer Programa de Formación de Directivos de Empresas, con unas enormes carpetas llenas de materiales recogidos de los más diversos orígenes que, desde el punto de vista actual, nos parece un intento muy primitivo, pero no por ello menos valioso.

En este punto las universidades reaccionaron. Hubo un cambio muy fuerte en la Facultad de Ciencias Económicas de la Universidad de Buenos Aires, con William Leslie Chapman como decano durante el rectorado de Risieri Frondizi, hermano del por entonces presidente de la república, Arturo Frondizi.

Chapman tomó decisiones importantes: cambió los currículos y modernizó la bibliografía (introdujo la obra de Peter Drucker, cuando los estudiantes todavía se manejaban con textos de los años '30, y hasta de los '20, como los de Sheen).

Entonces advirtió la falta de docentes, y se dio cuenta de que hacía falta una formación teórico-práctica de administración que reemplazara la mera improvisación. Asumió así el objetivo de formar profesores que pudieran mejorar la enseñanza.

Creó la carrera de Administración de Empresas que hasta ese momento no existía, y logró un acuerdo con la Fundación Ford para formar los primeros Masters en Administración de Empresas en Columbia, adonde envió jóvenes que estaban recién iniciándose en el Profesorado en Ciencias Económicas con la idea de formarlos para mejorar el nivel de los profesores de Administración. Entre ellos estuvieron Nora Moreau, Pedro Vulovick, Jorge Alperín, Luis Mase y Eduardo Grovas.

La decisión encajaba en el proyecto de desarrollo industrial de la época, una de cuyas mayores expresiones fue el crecimiento de la industria automotriz y, como consecuencia de ello, la aparición de una serie de normas de organización y producción que no existían, por ejemplo, las tolerancias mínimas.

En los comienzos, la IKA (Industrias Kaiser Argentina), General Motors y Ford montaban camiones con laboratorios experimentales para ir a enseñar a los talleres cómo interpretar planos, manejar los stocks, fijar lotes óptimos, es decir, todo un manejo de administración e ingeniería industrial innovador. Una moderna versión de la capacitación móvil, cuyos antecedentes vimos con la experiencia del profesor Antonio Pasi.

La aparición de grandes industrias terminales obligó a que muchos talleres se adaptaran a procesos sofisticados como políticas de compras, gestión y organización de la producción, etc. Empezaban a nacer las PyMEs.

Alpargatas también tuvo un lugar destacado en el tema de organización y gestión de la producción, porque requería gente con conocimientos de ingeniería industrial y administración de empresas.

En esa época se dio el auge de la carrera de Ingeniería Industrial, iniciada con las universidades tecnológicas impulsadas por el presidente Juan Domingo Perón.

Algunos protagonistas: aparte de William Leslie Chapman, en el área de Divulgación y Extensión trabajaba mucho el CPA –a través del primer representante de la OIT, David Mushine, y Gerardo Lasalle su equivalente en Argentina, que después continuó todo el proceso– e IDEA, donde Carlos Dietl tuvo un rol protagónico. La presencia de los empresarios en IDEA fue muy importante: Aguilar, abogado presidente de Ducilo, y Carlos Dietl, un ingeniero industrial que había hecho un programa de Perfeccionamiento Ejecutivo en Harvard y llegó a ser vicepresidente de ATANOR, fueron grandes promotores de este proceso.

Sociedades Anónimas creó la FAEDE (Fundación Altos Estudios de Dirección de Empresas), que más tarde se transformaría en la UADE (Universidad Argentina de la Empresa). Con ella se iniciaron las primeras instituciones de nivel universitario orientadas preponderantemente a la formación de disciplinas propias del mundo empresarial.

La UADE ofrecía un abanico de carreras multifuncionales, entre otras, Relaciones Industriales y Licenciatura en Comercialización, cuyo gran impulsor fue Jacobo Wainer. Este tipo de carreras fue muy criticado al comienzo, pero finalmente fueron abordadas por muchas otras universidades.

Sin embargo, seguía siendo evidente que este camino resolvía la provisión de ejecutivos y dirigentes empresariales a mediano plazo, pero había un sector de personas que ya estaban dentro de las empresas, a los que se necesitaba formar en plazos más cortos y para quienes el camino universitario era inadecuado.

Por el año 1968, IDEA ofreció una oportunidad, ya no como carrera múltiple, sino como un programa de maestría. Dirigido en su primera época por Guillermo Edelberg, fue un proyecto importante para la Argentina, posiblemente demasiado avanzado, surgido de un acuerdo con la Harvard Business School.

Algunas empresas encararon sus propios proyectos, por diferentes motivos. Mencionaremos solo uno a manera de ejemplo: la organización Bunge & Born, que instrumentó el "Programa de Dirección por Objetivos", para el que contrató a la máxima autoridad mundial en la materia en la década de los '60, el inglés John Humble, que trabajó en él casi diez años, y con quien la compañía elaboró las bases de lo que sería su modelo de planeamiento anual.

Ya he mencionado el impacto que tuvo en esta época la relación entre las grandes empresas terminales y sus proveedores, los que ingresaban en una nueva condición que recibió la designación de "PyMEs" (pequeñas y medianas empresas).

Diversas instituciones proporcionaban programas para este naciente sector. No pocas consultoras internacionales, tales como Arthur Andersen, Price Waterhouse y otros, ofrecían programas y otras actividades menores orientadas a igual fin. Entre ellos el de IDEA fue, posiblemente, el que alcanzó mayor efecto.

En la década de los '70 IDEA puso en marcha el Programa para PyMEs. No estaba, como los anteriores, orientado a la gestión de los recursos humanos, sino que pretendía una formación mucho más amplia a través de seminarios, reuniones y mesas redondas de intensiva actividad.

La escuela de la psicología humanista

Así como la escuela de las relaciones humanas fue un complemento del modelo racionalista, en cierta medida, la escuela de la psicología humanista intentó reforzar el aspecto humano, algo postergado en el modelo empirista.

Su enfoque rescata los aportes anteriores e incorpora el pensamiento de nuevos autores que tienen una perspectiva más social de la realidad del hombre en situación de trabajo. En este período, las empresas eran vistas como "sociedades productivas", que, como tales, desarrollaban sus propias culturas, características e identidad.

Caracterizan a este pensamiento la preocupación por las interacciones sociales, el manejo de los conflictos, las luchas de poder, las formas de vinculación, y asuntos similares.

Probablemente, el primer esbozo de un programa de este tipo fue el Programa para Ejecutivos encarado en 1965 por Siam Di Tella. Fue realizado por un director de capacitación de Westinghouse, con la que Siam seguía muy vinculada. Duraba cuatro días e incorporaba los trabajos de Likert, Maslow, Mac Gregor, Herzberg, Ingham, Luft y otros. Fue una inyección de modernización desde el punto de vista de la psicología humanista, muy bien presentado, muy claro, con un diseño coherente que superaba la simple acumulación de ideas, aunque dado que la empresa no pasaba entonces por su mejor momento, se dificultó su aplicación.

Más o menos por la misma época, la Esso, que participaba activamente en programas dirigidos por Mac Gregor, hizo un convenio para formar personas capaces de administrar la modalidad de "laboratorio de sensibilidad". Asistieron dos o tres ejecutivos de la Esso; el primero de ellos, Renzo Terzano, alcanzó a cursar con el propio Mac Gregor.

Cuando Terzano se incorporó para liderar un importante programa de Desarrollo Organizativo en Techint Group, lo hizo con la colaboración de Jerry Porras, que en ese momento estaba preparando su doctorado en la Universidad de California, en Los Ángeles.

El intento, si bien quedó a medias interrumpido, fue importante porque significó una cierta sistematización del diagnóstico organizacional, y nos legó una metodología que se puede trabajar si se quiere acceder a los fenómenos organizacionales.

Estas ideas alcanzaron un mayor desarrollo con Renzo Terzano y Herrero Mitjans en el programa "Puesta en Marcha" de Propulsora Siderúrgica, entre 1969 y 1972. Pudieron hacer muchas cosas, porque tenían el fuerte respaldo de su gerente general, Ricardo Bechis, que tenía una gran capacidad de liderazgo. Se quería generar una empresa nueva, diferente; Propulsora fue una oportunidad para el desarrollo de un modelo distinto del resto de la organización Techint, y semillero de muchos de los hombres que ocuparon posiciones clave en esa organización.

Sobre el final de los años '60 y a lo largo de los '70, se presentó otro caso que tuvo un protagonismo muy especial: la experiencia de Xerox.

Esta empresa había inventado la fotocopia, pero además desarrolló en los Estados Unidos un mercado con características muy innovadoras, métodos de comercialización originales, un modelo de servicio técnico también muy particular, novedosos criterios de atención al cliente, entre otros hallazgos que la hicieron famosa.

Esta situación hizo que muy tempranamente se advirtiese la necesidad de tomar la capacitación no ya como un acompañamiento complementario de la gestión, sino como un factor estratégico. Su presidente, Joseph Wilson, decía: "Nuestro negocio consiste en enseñarle a la gente de todo el mundo a manejar la información gráfica de otra manera ¡Que vengan los educadores!". A partir de estas ideas, en Xerox entendieron que debían "capacitar al cliente". Esta idea no era novedosa, pero sí el énfasis y la forma en que lo hicieron, ya que esta capacitación del cliente no se limitaba al manejo de las máquinas sino al manejo de la información como un concepto diferente.

Este perfil los llevó a darse cuenta de que la formación de los adultos en lo que hace a su trabajo era un área de las ciencias de la educación que tenía identidad propia; que las modalidades de la educación común no siempre eran las adecuadas; que había fenómenos, procesos, intereses, técnicas didácticas, etc. específicos para este espacio del aprendizaje.

Avanzaron entonces en la formación de técnicos, vendedores, gerentes. haciendo inversiones de gran magnitud y aplicando conceptos que hasta el día de hoy sorprenden a muchos.

En la Argentina, la incorporación de Terzano a Xerox, con toda su experiencia, impulsó la gestión de capacitación que ya había sido encarada hacía tiempo, y que fue conducida por el autor de este libro por un período de dieciséis años. Un valiosísimo equipo de colaboradores sostuvo la experiencia, que fue muy reconocida en el mercado: la gente formada en Xerox, tenía ventajas cuando buscaba otra ocupación.

Es importante reconocer al ingeniero Renzo Aldo Terzano como el hombre que le dio gran identidad y evolución profesional a la función de capacitación y recordar que su influencia no se limitó a las empresas donde trabajó, sino que fue un referente para todos sus colegas. En lo personal, mi gratitud infinita por lo que me enseñó y por lo que me ayudó a hacer.

La escuela de la contingencia

Constituyó un salto cualitativo importante en el pensamiento aplicado a la formación de dirigentes empresariales.

Si bien la siguiente afirmación puede ser un tanto arriesgada, permítaseme decir que, en términos generales, hasta este momento le indicábamos al estudiante "cómo debía ser". En alguna medida era una "herencia" del modelo taylorista que le decía al operario cómo debía hacer lo que tenía que hacer.

El modelo contingencial o situacional se ubica en otra perspectiva. Supone y valora los ideales de la perfección, pero advierte la dificultad para encontrarlos en la realidad. Lo que observa es que la gente más profesional se preocupa más por encontrar "lo más adecuado en una cierta situación". Se da cuenta de que en una elevada cantidad de casos no se puede hacer "exactamente lo que se debería", entonces propone "hacer lo mejor posible dentro de esa situación".

Admite que lo que funciona bien en una parte no necesariamente lo hará en otras; reconoce que algo que es aceptable en cierta circunstancia es inadmisible en otra, observa que lo que es útil para ciertas personas no necesariamente lo es para otras, y así sucesivamente. Quede bien en claro que esta manera de pensar no recibe como buena "cualquier cosa", sino que propone la búsqueda de la mejor opción posible.

Autores como Hersey, Blanchard, Thomas, Killman, De Bono y muchos otros han hecho interesantes aportes en este sentido.

La escuela de la contingencia responde a la heterogeneidad de situaciones que plantean los escenarios de incertidumbre. La Argentina a partir de la década de los '70 se caracterizó por tener a la incertidumbre como una constante.

Años difíciles, donde lo que se intentaba descubrir era cómo hacer para sobrevivir en medio de crisis permanentes, cómo trabajar donde no podía haber normas ni pautas, porque las normas y las pautas estaban destruidas.

La capacitación también entró en crisis. El cuestionamiento a los contenidos, desarrollados en y para circunstancias muy diferentes, se agudizó. La renovación no era tan clara. La verdad era que formar a un gerente que trabajaría en circunstancias de las que lo único que constaba era que cambiarían, no era algo tan sencillo.

Se empezaron a manejar conceptos relacionados con el "aprendizaje en la acción", se revalorizó el adiestramiento informal del día a día, y se necesitaba revisar los modelos didácticos. Entre otras novedades, se introdujeron los juegos de simulación.

Hay una anécdota muy simpática que cuenta Herrero Mitjans[1] y que vale la pena relatar: "Nosotros mandamos una profesora de la Escuela de Administración de IDEA a que trabajara varios meses en Henley [Inglaterra], adaptando el programa del 'Economax' de ellos [un programa de simulación por computadora] para poder ponerlo en funcionamiento acá. Lo trajimos; vino el profesor que lo había creado allá y lo corremos el primer día con los datos aportados por los participantes. Se van los alumnos y nos quedamos vigilando el procesamiento que recurría a una computadora, que no era como las de ahora, eran los viejos 'fierros' que había entonces, y el modelo no andaba y no andaba. Pasaron las horas, se hicieron como las diez u once de la noche, hasta que el inglés en cuestión que era Harry Slayter, le dice a la economista argentina nuestra, que era María Dolores Versagaglia: 'Pero... claro, cómo va a funcionar este modelo'. Lo que pasaba era que los porcentajes de las variables que incluíamos los argentinos eran salvajes, al estilo nuestro, 30% de inflación, 40% de devaluación, etc. 'No, el modelo está pensado para soportar variaciones de 2 o 3% como máximo, en este rango no se puede trabajar.' Esto fue épico".

También relata Herrero Mitjans[2]: "Otro aspecto del problema era el grado de incertidumbre con la que nos manejábamos. Yo recuerdo que trajimos a un profesor extranje-

---

1. En entrevista personal.
2. En entrevista personal.

ro, que debe haber venido en el '74 o '75, yo le hice de asistente. Al empezar el seminario, que lo dimos en el Club Alemán, allá en la calle Corrientes, empezó preguntando: '¿Qué horizonte temporal ustedes manejan?'. En aquel entonces, el máximo horizonte temporal que se manejaba era dos días, el máximo horizonte temporal podía ser una semana... Hizo un momento de silencio y dijo: 'Señores, si ustedes manejan este tipo de horizonte, no puede haber planeamiento estratégico ninguno, ustedes sobre lo que trabajan es sobre la contingencia'".

Claro, porque lo importante era el "pedaleo" frente a la inflación, cómo hacer para que las cobranzas de hoy se colocaran inmediatamente en el mercado para que no se devaluaran y nos puso frente a la realidad que manejábamos.

El modelo de la contingencia aún se está incorporando y es demasiado temprano como para describirlo en términos históricos. Pero es muy importante en el pensamiento que estamos usando a la salida de la gran crisis de comienzos del siglo XXI.

Otros aspectos de la formación de la conducción superior

Enumeraré brevemente algunas cosas que constituyen fuentes de enseñanza muy importantes.

La transferencia acrítica

Si tuviésemos que hacer una autocrítica importante entre aquellos que fuimos protagonistas de los hechos descriptos, creo que rápidamente aparecería como primer punto el de las transferencias acríticas.

No supimos, ni pudimos y probablemente ni nos propusimos, crear contenidos, modelos y recursos más cercanos a la realidad de nuestras empresas.

Era demasiado cómodo creer que si lo que enseñábamos funcionaba en los países centrales, también debía funcionar entre nosotros. Nunca nos ocupamos demasiado seriamente ni siquiera de verificar si era cierto que esos modelos "funcionaban" en sus propios países. Obviamente toda generalización contiene alguna cuota de error y de injusticia.

Tampoco esos autores, cuyo valor no cuestiono en lo más mínimo, pensaron en las realidades de nuestros países cuando formularon sus trabajos y no hay por qué reprochárselo. Si no supimos generar nuestros propios aportes o adecuar los suyos, no les echemos la culpa a ellos.

Por supuesto que el panorama no es homogéneo, y ciertamente hay cosas cuya universalidad es incuestionable. Pero es cierto que en un gran número de casos, no se discutió seriamente el asunto. Recuerdo una época, por los años '70, cuando apareció la moda del management japonés. Claro, por entonces, los japoneses empezaban a superar a los norteamericanos en varias aspectos y muchos salieron corriendo a intentar que hiciéramos las cosas como ellos. Usted fácilmente imaginará que si no podíamos hacerlas como en los Estados Unidos, menos lograríamos imitar a los nipones. Por suerte, los estudiantes contaban con suficiente sentido común como para dejar estos factores de lado y seguir su camino. ¡Cuidado!, no me malinterprete, porque sé que hay mucho que aprender de los japoneses.

Las analogías cuestionables

Otro aspecto cuestionable fue el uso de metáforas de dudosa eficacia. Nadie discute el valor de la metáfora como recurso educativo, pero se pretendió trasladar al campo de la conducción ideas y conceptos provenientes de otros ámbitos. En el fondo, fue una forma de transferencia acrítica.

180

Se usaron metáforas bélicas, olvidando que la guerra no es una virtud de la que deberíamos estar orgullosos. Tampoco se tuvo en cuenta que la guerra es algo que entusiasma a los generales, pero no les gusta a los soldados.

Se usaron metáforas del mundo del deporte. Del fútbol argentino, del fútbol americano, del hockey femenino y de los deportes de riesgo. No se tuvo en cuenta que los deportes de alta competición no son para todos, que el tipo de esfuerzo y preparación que demandan son muy diferentes, y que en los torneos son más los que pierden que los que ganan.

No pocas empresas contrataron directores técnicos exitosos en sus respectivos deportes para que les explicaran a sus gerentes cómo se "gerencia". La única virtud de estos intentos fue la generación de situaciones bastante amenas.

Se usaron juegos competitivos de diferentes tipos, olvidando que no siempre en el trabajo se juega y no siempre lo que se pone en juego en el trabajo es lo que se pone en juego durante un juego.

Lo cierto es que los modelos del juego, de la guerra o de los deportes, no son comparables a un modelo organizativo, son estructuras organizativas distintas. Lo que pasa es que la ignorancia o desconocimiento de la sociología de las organizaciones hace que parezca todo lo mismo. Sin embargo, no es así.

En palabras de Herrero Mitjans, es lo mismo que si dijéramos que el enfoque clínico de un veterinario es aplicable a un pediatra. Algunos puntos de contacto hay, porque el animal no habla y el bebé tampoco; pero, fuera de eso, son estructuras genéricas distintas y también lo son las estructuras de análisis.

Este punto debe trabajarse con mayor seriedad, porque las analogías, las parábolas y las fábulas, siguen siendo recursos educativos muy valiosos.

El facilismo metodológico

Con demasiada frecuencia encontramos a gerentes muy preocupados por la capacitación… de los demás. No es fácil contar con gerentes que reconozcan su propia necesidad de aprender.

También con demasiada frecuencia hemos conocido empresas donde se les pedía a los jefes de Capacitación que hicieran "algo" para los gerentes. Lo cierto es que pocas veces se cuenta con su tiempo y en muchos casos no abunda la voluntad. Son muy escasos aquellos gerentes generales que dan prioridad a su propia capacitación. Es muy posible que los responsables de capacitación tengamos bastante que ver con esta situación.

Hemos visto trabajos excelentes a pesar de estas dificultades, pero también hemos visto acciones que tenían más olor a "cumplir con una obligación" que a un trabajo formativo serio.

El *e-learning,* sin duda excelente herramienta, fue una de las salidas facilistas por la cual se les daba a los gerentes la oportunidad de estudiar en el momento en el que lo deseasen. El resultado es imaginable en personas poco preocupadas por su capacitación.

Otra forma fue la de los grandes actos en los cuales, vía satélite, se podía escuchar a algún gurú del management que interactuaba con su público ubicado en algún país del que demostraba conocer muy poco. Generalmente durante su exposición contaba, a precios inaceptables, lo que se podía leer, a un costo menor, en algún libro escrito por él mismo algunos años atrás. La verdadera ventaja era la de encontrarse con otros gerentes de otras empresas y eso es muy valioso, pero poco tiene que ver con el aprendizaje… ¿O sí?

Aprender es un trabajo y como tal demanda tiempo y esfuerzo y algunas de estas respuestas facilistas no resolvieron lo que sigue siendo un gran desafío para los capacitadores: el desarrollo profesional de las personas con mayores responsabilidades en la empresa.

La conducción intermedia o "mandos medios"

Más allá de todas las discusiones habidas sobre las características de las diferentes escuelas revisadas en este capítulo, es evidente que en cualquier modelo está instalada la idea de la necesidad de alguna forma de conducción intermedia o mandos medios, aun en modelos que buscaron mayor desarrollo del trabajo en equipo, formas autoadministradas u otras opciones que se intentaron con mayor o menor éxito; hasta ahora, y aparentemente por un buen tiempo más, este sector ha sido y es crítico en el desarrollo de la mayoría de los negocios.

No es la intención de este trabajo discutir el punto, sino registrar su historia.

Ubicados en el centro del sistema, los mandos medios debieron entenderse tanto "con los de arriba" como "con los de abajo". Fueron "colchón", "traductores", "chivos emisarios", héroes y villanos, maltratados y admirados. Soportaron la competencia del poder de los delegados sindicales, fueron acusados por los "de arriba" de estar identificados con "los de abajo" e idénticamente acusados por "los de abajo" de tener "el alma vendida a los de arriba" y, a pesar de todo, fueron siempre necesarios y lo siguen siendo.

Si algún día pudiésemos ser tan justos como para hacer una historia realmente objetiva, los méritos de este sector ocuparían un sitial destacado en la vida de las empresas.

Una gran cantidad de ellos provinieron de "la base", y fueron ascendiendo a posiciones de capataz, supervisor, jefe u otras equivalentes. En muchos casos, este ascenso significó que alguien pasaba a supervisar a sus ex compañeros.

No fueron pocos los errores cometidos en la selección

de estas personas y fue muy frecuente elegir al "mejor vendedor" o al "mejor operario" y ascenderlo a supervisor o capataz sin plantearse seriamente el hecho de que las competencias necesarias para conducir personas y procesos no son las mismas que las del puesto de trabajo en la base. Así fue como no pocas veces se perdió al mejor vendedor sin conseguir un buen supervisor, o se perdió al mejor operario sin lograr el buen capataz que hacía falta.

No hace tantos años que este tema se ha tomado con seriedad y aún son frecuentes las reiteraciones de este error, que mantiene una concepción "escalafonaria" del desarrollo de las personas.

La historia ha demostrado que cada modelo organizacional ha aplicado una determinada concepción de conducción intermedia. Los enfoques estudiados aquí lo hicieron dejando muy a las claras que varias de las virtudes de un mando medio de la época racionalista se trasformaban en causa de seguro fracaso de un supervisor de la época de la psicología humanista.

Dentro del esquema taylorista, la función del supervisor no iba mucho mas allá de controlar el cumplimiento estricto de los pasos operativos establecidos por el diseño del sistema productivo. No necesitaba analizar problemas, ni tener iniciativas, ni proponer alternativas ni hacerse cargo de los problemas de la gente.

Era por demás natural que en ese momento surgiese la expresión mando medio, que insinúa el privilegio que tenían las formas autoritarias de conducir a la gente.

Pero el avance de los enfoques fue privilegiando a la persona, al ambiente, a los procesos y a las situaciones, como variables que intervenían en el conjunto de responsabilidades de la conducción intermedia.

Esta situación planteó necesidades formativas mucho más elaboradas que las que se le pedían a aquel capataz representado por Charles Chaplin en *Tiempos modernos*.

Así fue como cada uno de los enfoque estudiados, que produjeron conceptos, metodologías e ideas que se aplicaron en la formación de los cuadros gerenciales, también generaron formas educativas destinadas a la conducción intermedia coherentes con los modelos organizacionales donde se utilizaban.

Las ideas de base fueron las mismas que se incorporaban en la formación gerencial y cada empresa interesada seriamente en la capacitación de sus miembros desarrolló programas importantes para formar a su conducción intermedia.

El modelo operativo más frecuente fue el del uso de consultores que dictaron seminarios internos. Entre las décadas de los '50 y de los '80, esta actividad fue una de las más importantes en la mayoría de los centros de capacitación de las empresas.

Solían ser programas extensos y muy bien trabajados, incorporaban abundante tecnología educativa de soporte que –en términos generales y más allá de las muchas críticas justas que se le pueden hacer– cumplieron su función de contribuir a la generación de un sector medio de satisfactorio desempeño.

En la década de los '90, este proceso se atenuó, se acortaron los tiempos destinados a la formación y la aparición masiva de programas de jóvenes profesionales, que como parte de su plan de desarrollo solían incluir la cobertura de posiciones intermedias, fue reduciendo las posibilidades de ascender de las personas de base. Esta situación generó no pocos conflictos y es un tema que aún persiste sin haberse encontrado, de manera generalizada, una solución satisfactoria.

Por su posición y responsabilidad, la formación de las personas comprometidas con la conducción de otros, ya sea en el segmento intermedio o en el superior, a través de las universidades o dentro de las propias empresas, sigue siendo uno de los mayores desafíos de una sociedad de las características de la Argentina.

3.3. LA IDENTIDAD PROFESIONAL

Así como en un fenómeno profesional intervienen procesos conscientes, deliberados, y actores y episodios reconocibles, hay otros aspectos que suceden sin que exista alguna planificación y son más bien la consecuencia de muchos factores concurrentes.

La identidad de la capacitación como un espacio profesional con características propias transitó ambos caminos.

Es inevitable encarar este aspecto como una comparación entre la capacitación y lo que llamaremos "educación formal", es decir, el sistema educativo general con todos sus niveles, que culminan en la carrera universitaria y sus posgrados.

No lo hago con el objeto de mostrar superioridad o inferioridad de un sistema "contra" el otro: estas diferencias no deben constituir ninguna forma de antagonismo excluyente. No se trata de una competencia deportiva, sino de la detección de identidades distintas, pero capaces de complementarse mutuamente y potenciarse en forma sinérgica.

En este capítulo he seleccionado solo algunas de las diferencias que considero más relevantes.

Un espacio diferente

Evidentemente la capacitación sucede dentro de un espacio distinto del escolar, esto es, el ámbito laboral.

Allí el aprendizaje no es un fin, sino un logro intermedio. En el trabajo, se privilegia el "hacer" y los "saberes" están en función de ese "hacer requerido".

Cuando las empresas "emprenden" (y esto es inherente a su condición y forma parte de su esencia), se proponen hacer algo que no están haciendo. Raramente las personas que deban hacer algo que no están haciendo, puedan hacerlo bien sin que medie algún mecanismo de aprendizaje, cualquiera sea su forma.

Condiciones diferentes

El sistema educativo formal define por sí mismo las condiciones en las que sucederá la enseñanza que se propone impartir: los contenidos, el tiempo disponible, el momento en el que deberá hacerse, quiénes participarán, etc. No es así en el espacio de la capacitación, donde el proyecto o situación que demanda el aprendizaje es el que fija tales condiciones.

Otra distinción sustancial es que los destinatarios de la capacitación siempre son adultos y, como tales, tienen establecidos intereses, relaciones, historias, prestigios, etc., que necesariamente serán afectados por los procesos de aprendizaje.

También es importante la relación que se establece entre el "saber instalado" (lo que la persona *ya sabe*) y el "saber propuesto" por la acción de enseñanza. En la capacitación, el acto educativo jamás sucederá en un espacio psicológico vacío. Siempre está ocupado de alguna forma y toda oferta, aun la más atractiva y necesaria, deberá armonizarse con los saberes previos, de modo de asegurar la continuidad cultural del sistema social que representa una organización productiva.

Consecuencias diferentes

Un poco en broma y un poco en serio, solemos decir que en el sistema educativo formal cuando el acto educativo fracasa, el que se va es el alumno. En la capacitación, el que se va es el "docente".

Esta apreciación, exagerada por cierto, pone en evidencia el hecho de que la capacitación siempre sucederá a partir de una necesidad reconocida. Si la empresa compra una nueva máquina que será manejada por nueve operarios en los diferentes turnos de trabajo, el proceso educativo concluye cuando esas nueve personas puedan operar la máquina tal como es requerido. Además tienen que ser *esos* operarios. Lo mismo sucede cuando se instala un sistema informático o se modifica cualquier esquema de trabajo.

En el sistema formal, la participación y permanencia dependen más de la decisión del estudiante. En la capacitación no son los destinatarios quienes deciden aprender, sino la empresa que desarrolla el proyecto quien determina qué y quiénes tienen que hacerlo. Es bastante fácil imaginar lo que sucede cuando el aprendizaje requerido no se concreta.

No es la intención de una obra que privilegia la cuestión histórica hacer demasiadas precisiones sobre este tema, que por otra parte está mejor desarrollado en la bibliografía existente. Así que, hechas estas consideraciones, propongo abordar el aspecto histórico de la formación de la identidad profesional de la capacitación.

La historia

La capacitación laboral se inició desde los hechos, desde la más pura práctica.

Como era de esperar, los primeros intentos se hicieron tratando de reproducir el modelo educativo formal. Un instructor que enseñaba, empleados que aprendían, en un aula con pizarrón, mesas equivalentes a pupitres y otras cosas parecidas intentaron llevar la escuela a la empresa.

En no pocos casos, estos lugares recibieron el nombre de "la escuelita", un diminutivo en cierto modo crítico, que revela que los participantes se sentían tratados como niños.

Rápidamente nos dimos cuenta de que las cosas no funcionarían así. Ya hablamos de la aparición de los *métodos activos*, uno de los primeros intentos de respetar la condición de adultos de los destinatarios del proceso.

Pero enseguida se incorporan otras formas e ideas como las de la *educación permanente*, el *aprendizaje en la acción*, la *dinámica de grupo* como recurso pedagógico, los estudios de casos, las simulaciones y otros elementos semejantes.

Por otra parte, los estudios de la educación de los adultos entre los especialistas de la educación formal, si bien no analizaban el espacio de la capacitación en forma específica, comenzaban a echar luz sobre nuestro problema desde abordajes teóricos valiosos.

La aparición del libro del educador argentino Roque Ludojovsky *Andragogía, o la educación del adulto* significó una precisión importante, en tanto distingue la existencia de un espacio particular de la problemática educativa, aunque no se refiere específicamente a la problemática de la capacitación. Ludojovsky recuerda que la palabra pedagogía, alude a la educación de chicos (del griego *páis-paidós*, "niño"), y propone el nombre andragogía (del griego *anér-andrós*, "hombre") para el sistema de formación de adultos.

Algunas modalidades, como la aparición de los centros de capacitación, que gradualmente se iban diferenciando de las escuelas, tanto en su configuración física como en sus prácticas y las "inmersiones" en hoteles o lugares apartados, iban diferenciando en forma creciente a la educación común de la capacitación y consecuentemente desarrollando la identidad de la disciplina que poco a poco era reconocida con nombre propio.

Ni mejor ni peor; simplemente "diferente".

Recuerdo que muy al principio de mi trabajo, allá por la década de 1960, cuando hablaba de capacitación, muchos preguntaban "¿Qué es eso?" y no faltaban quienes suponían que estaba destinada a los discapacitados, en el peor sentido del término.

El proceso de funcionalización

Cuando me referí a la formación de mano de obra industrial, describí la formalización de la función educativa en este tipo de empresas.

Pero a medida que la capacitación abordaba otras temáticas como la comercial, la conducción, los idiomas, la informática, etc., comenzaron a instalarse estructuras de las más variadas formas dentro de las áreas de recursos humanos. Desde los más complejos centros de capacitación con categoría de gerencia, presupuestos amplios y personal permanente relativamente numeroso, hasta simples designaciones de instructores, las empresas fueron oficializando el adiestramiento.

Las industrias desde la década de 1960, y luego las restantes empresas, desarrollaron estas funciones hasta los años '80, época en la que el proceso comenzó mostrar ciertos signos de reversión de los que hablaré más adelante. Pero, sin duda, la formalización de la función contribuyó notablemente a conformar la identidad de la profesión.

La Asociación de Dirigentes de Capacitación de la Argentina (ADCA)

No resulta entonces extraño que las personas comprometidas con este trabajo comenzasen a buscar a sus pares.

Intercambiando experiencias, materiales, logros y lamentos, se fueron identificando.

Tras los consabidos encuentros informales, el 16 de junio de 1967, Henry Kirkpatrik, uno de los expertos enviados por la OIT, convocó a una reunión que se hizo en Bolívar 191, donde funcionaba el entonces CONET (Consejo Nacional de Educación Técnica) con la intención de intentar alguna forma de organización de los responsables de capacitación en las empresas.

Las reuniones continuaron hasta que, el 16 de octubre de ese mismo año, se constituyó una mesa coordinadora presidida por el Ing. Enrique Rabonivitz, de YPF. (Posteriormente asumiría ese cargo el Ing. Emilio Marzano, de Duperial.)

La mesa fue logrando darle forma a una institución que, en junio de 1969, se constituyó formalmente en la Asociación de Dirigentes de Capacitación de la Argentina (ADCA), de la que fue nombrado presidente Juan Carlos Podestá de Fiat Concord, otro de los impulsores de la idea y durante muchos años una de las personas más comprometidas con ella.

Revisar la lista de quienes lo acompañaron en aquella primera gestión y los miembros de las siguientes comisiones directivas permite apreciar la importante difusión que la capacitación había alcanzado en las grandes empresas del país.

Apenas un mes después de creada, publicó el primer número de *Nosotros*, boletín mensual impreso en mimeógrafo.

La gestión de estos primeros grupos se destaca por dos ideas principales: la de instalar el concepto de que el responsable de capacitación dentro de la empresa no fuera visto como un simple instructor, sino como un agente de cambio, y la decisión institucional de encarar la formación de los nuevos capacitadores (volveremos sobre este punto).

ADCA funcionó inicialmente en lugares facilitados por otras instituciones. En Arenales 1371, cedido por IFAC (Instituto Franco Argentino de Capacitación en la Rama Eléctrica) y en oficinas de la Cámara Argentina de Comercio, en Leandro N. Alem 36; hasta que, en 1977 adquirió su primera sede propia en la calle Rincón 226 y, en 1993, la actual sede en Moreno 939, piso 3.

ADCA representa a la Argentina en la FIACYD (Federación Ibero Americana de Capacitación y Desarrollo) y en IFTD (International Federation of Training and Development), la organización mundial de las instituciones hermanas de ADCA.

Organizó innumerables jornadas y actos de todo tipo, siempre orientados al desarrollo de la identidad profesional y al tratamiento de desafíos que la realidad planteaba a los responsables de capacitación en las empresas. Entre ellos se destacaron los congresos, el primero de los cuales se realizó en Buenos Aires en noviembre de 1975, y más tarde en Mendoza, San Martín de los Andes y Rosario.

Varios ex presidentes de ADCA. De izquierda a derecha: Francisco Scalzo, Jorge Pérez Nielsen, Héctor Moretti, Mario Merke, Ramón Beltrán Costa, Juan Carlos Carballo, Juan Carlos Podestá y Alberto Ortiz.

Una mención aparte merece la realización en Buenos Aires, entre el 28 y el 31 de agosto de 1990 de la XIX Conferencia Mundial de Capacitación, que reunió a miles de profesionales de muchos países del mundo y significó un esfuerzo enorme, pero muy saludable, de la comunidad profesional de capacitadores. Se recuerda como uno de los momentos más importantes de la trayectoria de ADCA.

Vista de la Mesa Directiva del Congreso Mundial de Capacitación celebrado en Buenos Aires en 1990.

Parte del público el Congreso Mundial, proveniente de diversas naciones.

Aquella primitiva hoja mimeografiada que funcionó como nexo entre los capacitadores fue evolucionando hasta adquirir formato de revista y el nombre *DyC* ("Desarrollo y Capacitación"), que actualmente se publica en soporte electrónico. También en 1992 se cambió el nombre de la institución por el de Asociación de Desarrollo y Capacitación de la Argentina. Este pequeño cambio, de valor conceptual, no modificó la sigla y "ADCA" sigue siendo "ADCA".

La capacitación en el interior del país

Si bien la actividad institucional se concentró en Buenos Aires, desde muy temprano las grandes empresas ubicadas en el interior del país repitieron los procesos descriptos, especialmente en aquellos lugares donde había grandes concentraciones industriales. Sus logros, volumen de trabajo y calidad profesional fueron comparables a los de la Capital.

Naturalmente, el número y la dispersión geográfica dificultó la constitución de asociaciones específicamente abocadas a la capacitación, pero surgieron numerosas organizaciones regionales dedicadas globalmente a la gestión de recursos humanos que atendieron muy bien las necesidades de los responsables de la capacitación.

La formación profesional

A medida que la actividad iba adquiriendo mayor identidad, se planteaba el problema de la formación de los nuevos profesionales, tema del que ADCA se hizo eco: en el primer número de *Nosotros*, en 1969, se comunicaba la realización de un curso de 105 horas de duración con el título de "Formación de Jefes y Coordinadores de Capacitación" y se agregaba la resolución de la Comisión Directiva: "ADCA no quiere dictar todo tipo de cursos. Sólo realizaremos algunos, siempre dirigidos a la formación o perfeccionamiento de los hombres de capacitación".

Esta actividad se ha mantenido interrumpidamente hasta el día de hoy. En la actualidad tiene el nombre de "Programa de Desarrollo Profesional en Capacitación" y está instalado como el lugar donde se pueden estudiar sistemáticamente los elementos de la profesión.

Centenares de jóvenes (y no tan jóvenes) han pasado por este programa, que ha tenido la virtud de haber mantenido como docentes a lo largo de los años a personas que ejercen lo que enseñan y tienen un reconocimiento generalizado como referentes en el medio de los temas que administran en los diferentes módulos.

Resulta grato ver que muchos de los actuales coordinadores de los módulos, fueron participantes en algún momento.

Otro detalle no menor es que ADCA ha mantenido precios muy bajos en relación a los valores que una actividad comparable tendría en otro contexto, con la clara intención de que el costo no sea impedimento alguno para quienes quieran integrarse a la profesión. No han sido pocos los casos en que ADCA becó a jóvenes que demostraban su imposibilidad de pagar aun el bajo precio establecido.

También se ha atendido, de manera especial, a los alumnos del interior. En algunos casos se desarrollaron versiones especialmente dedicadas a ellos buscando formas que le facilitasen su asistencia.

Otras instituciones, tales como consultoras, asociaciones y algunas universidades, han ofrecido actividades con idéntico o semejante propósito y en muchos casos han sido aportes dignos de ser tenidos en cuenta. No obstante, ninguno de ellos ha contado con la continuidad y presencia del programa de ADCA.

La mujer en la capacitación

En la decisión de la primera Comisión Directiva de ADCA en 1969, nos llama la atención la presencia de la expresión "hombres" de capacitación. Si bien el vocablo "hombres" se ha usado muchas veces para designar a las personas en general, no estoy tan seguro de que en este caso no haya sido un acto fallido de los redactores.

En esa época, el enorme predominio de la actividad de capacitación orientada a la formación de mano de obra industrial hacía de este espacio profesional un lugar predominantemente ocupado por varones. Si bien había algunas mujeres, eran la excepción que confirmaba la regla y en general pertenecían a las pocas empresas de servicios que ya tenían actividad de capacitación.

Actualmente la enorme ampliación del espacio de la capacitación ha permitido el ingreso de muchísimas mujeres, las que en la actualidad casi seguramente son mayoría. Un dato interesante es la llegada en 1992 de Viviana Blanco a la presidencia de ADCA, la primera mujer que ocupó ese cargo.

Viviana Blanco.
Primera mujer que ocupó la presidencia de ADCA.

Hace ya bastantes años que dentro de la actividad de capacitación empezaron a distinguirse algunas especialidades. Una de ellas, tal vez la que logró mayor identidad hasta ahora, es el diseño educativo. Este espacio fue ocupado casi totalmente por mujeres. Hacia mediados de los años '80,

Nora Leoni, que trabajaba en el Centro de Capacitación del Banco Central, fue la primera que tomó la decisión consciente de desarrollar esta especialidad en la Argentina.

La presencia de la mujer, además de haber producido una sensible mejora en el promedio estético del universo profesional, ha generado riquísimos aportes de muchas de ellas, brillantes intelectuales, que han instalado su contribución en el campo de la capacitación como lo han hecho desde hace siglos en todas las actividades vinculadas con la cuestión educativa.

Capacitación abierta e *in company*. Consultoras y consultores

Consolidada la identidad profesional, comenzó un proceso ya insinuado en la época de la formación de mano de obra industrial: la aparición de instituciones dedicadas a ofrecer capacitación a las empresas.

Tuvieron diversos orígenes. En el campo industrial, distintos proveedores de técnicas y equipos generaron escuelas de soldadura, de electrónica, etc.

Otra parte de esta historia se refiere a las necesidades de enseñanza del idioma inglés. En esa época, los egresados del sistema formal no contaban con un nivel en ese aspecto como el que las empresas necesitaban en muchos de sus puestos de trabajo.

Dado que el mercado no ofrecía personas formadas, las empresas debieron ocuparse de este tema y apareció una gran cantidad de profesores de inglés. Los hubo ejerciendo en forma individual y también en las empresas. Los resultados no siempre fueron satisfactorios, porque frecuentemente la exigencia de las compañías superaba la posibilidad de aprendizaje en los tiempos y formas en que era posible administrar la enseñanza.

Más recientemente se han ido revisando las estrategias de enseñanza del idioma y se han encontrado respuestas satisfactorias.

Otra vertiente fueron las grandes empresas internacionales de auditoría externa. La actividad de auditoría identifica falencias en los desempeños que no pocas veces tienen que ver con debilidades en la capacitación. Esta oportunidad fue bien aprovechada por las auditoras, al ofrecer soluciones en ese sentido como una extensión de sus servicios. La actividad fue creciendo y la gran mayoría de estas firmas, como Arthur Andersen, Price Waterhouse, y otras colegas, la perfeccionaron. La oferta se multiplicó con la aparición de consultoras nacionales e internacionales. Muchas de ellas ofrecían también servicios de personal temporario, selección de personal, *outplacement*, etc.

Este modelo tuvo su apogeo entre las décadas de 1960 y 1980, cuando llegaron a ocupar un espacio muy visible en el mercado.

La gran mayoría de estas instituciones, además de actividades abiertas y externas, ofrecían idénticos servicios para ser desarrollados *in company*, expresión generalizada para identificar las actividades que realizaban dentro de las empresas.

De hecho, las modalidades abiertas dejan al participante la tarea de ajustar lo aprendido a la realidad particular de su trabajo, mientras que en la modalidad *in company* se supone que la actividad se ajusta a estas particularidades, aunque no siempre se cumplió dicha expectativa.

A partir de la década de los '80 se generalizó una modalidad semejante, pero en este caso ya los oferentes no eran solamente instituciones o "consultoras", sino también personas o "consultores".

En los años '90, se observó una sobreoferta de servicios tanto de "consultoras" como de "consultores". Como es imaginable, esta expansión resultó en una gran variedad de calidades. La creciente desocupación de mano de obra en esos tiempos, hizo que no pocas personas que quedaron fuera de las empresas intentasen trabajar en este campo sin una adecuada formación como capacitadores, pero no eran más que "instructores" de algún curso o programa que conocían y ofrecían en cuanta oportunidad se les presentaba, hubiese o no necesidad de tal aprendizaje.

Si bien sería incorrecta una generalización, lo cierto es que en muchas compañías, especialmente en las más pequeñas, estas actitudes poco profesionales generaron dudas sobre la validez de la capacitación.

Las modas

Como cualquier otra actividad profesional, la capacitación no escapó a las modas. Transitorias protagonistas privilegiadas, vienen, dominan el escenario, generan adhesiones y detracciones y pasan.

Por las características de la capacitación, podríamos decir que hubo dos tipos de modas: las vinculadas con las formas y las vinculadas con los contenidos.

¿Qué pasó con las "formas"?

A medida que la capacitación fue ganando identidad profesional y comenzó a percibir sus diferencias con la educación formal, fue desarrollando métodos, conceptos, recursos, ideas sobre cómo se debía capacitar.

Los métodos activos, la instrucción programada, la dinámica de grupos, los medios audiovisuales, el estudio de casos, la capacitación en la acción, el *rol playing*, el *e-learning*, son solo algunos ejemplos de las modas vinculadas con las formas.

¿Qué pasó con los "contenidos"?

También comenzaron a aparecer desde las ciencias del comportamiento, numerosos aportes aplicables al mundo laboral.

El management americano, el management japonés, el análisis transaccional, el liderazgo situacional, el concepto de la excelencia, el concepto japonés de la calidad, la programación neurolingüística, el *coaching* ontológico, la gestión por competencias, son parte de la larga lista de modas vinculadas con los contenidos.

¿Son malas las modas? Ni sí, ni no. Como pasa con todas ellas, el problema no está en su uso sino en su abuso.

Sin poner en duda la buena fe de quienes fueron entusiastas promotores de cada una de ellas, es cierto que los abusos no fueron pocos. Hubo tiempos en los cuales si una actividad de capacitación no estaba armada casi en su totalidad por una sucesión de estudios de casos, era anatemizada. También hubo tiempos cuando se pretendió aplicar el análisis transaccional hasta para las cosas más absurdas.

Tales abusos le crearon mala fama a la capacitación y redujeron su prestigio. Tampoco faltaron quienes quisieron hacer un "negocio" de estas modas.

Prefiero ver a las modas como las crecientes del Nilo: suceden una vez por año, inundan todo, desarman y rompen unas cuantas cosas, pero cuando se retiran dejan un sedimento fértil. Algunas más, algunas menos.

Sería muy torpe de mi parte desconocer el valor que todos estos aportes hicieron y siguen haciendo, e irresponsable si no reconociese que cada uno de ellos, cuando fue bien usado, agregó valor a la función del aprendizaje en el contexto del trabajo. Por lo menos fue mi experiencia.

Sírvanos la lección de la historia para estar prevenidos con las modas que vendrán, evitando un rechazo irracional –muchas veces surgido del desconocimiento y la falta de análisis– tanto como una aceptación igualmente irracional por creer haber encontrado –¡por fin!– la panacea universal.

Los autores argentinos

Por otra parte, siempre hubo profesionales muy serios, auténticamente preocupados por la calidad profesional de la capacitación.

Muchos años transcurrieron desde 1826 (cuando se creó el primer centro de capacitación en la Argentina). La variedad, amplitud y profundidad de la casuística argentina ya era terreno fértil para que aparecieran trabajos serios y valiosos.

Posiblemente haya sido la ya citada CINTERFOR, la institución creada por la OIT para publicar trabajos dentro del importante movimiento del FPA, el lugar donde se publicaron los primeros trabajos serios con cierta sistematicidad.

A veces no eran más que relatos de experiencias, pero los había bien hechos, fundamentados y muy valiosos. También asomaban formulaciones teóricas que, aun parciales, incipientes y hasta discutibles, fueron semillas muy dignas de ser recordadas.

Comenzaron a aparecer en las revistas dirigidas al mundo empresarial y en las dedicadas al tema de los recursos humanos o la capacitación, algunos trabajos de calidad y de valioso contenido.

La realización de congresos en los que se presentan ponencias (como siempre, de toda suerte) generalmente terminaba con su publicación. Algunos de estos trabajos son muy importantes y antecedentes de otros posteriores de mayor envergadura.

A fines de la década de los '80 aparecieron los primeros libros, que permiten permiten una aproximación más ordenada, sistemática y profunda del tema. Ernesto Gore, Abraham Pain, yo mismo y otros, comenzamos a componer la bibliografía argentina en la materia.

De todos modos, pienso que la producción escrita está muy por debajo de lo que podría esperarse de una trayectoria tan rica y extensa en el campo de la capacitación. Admito que la dificultad para publicar en el país ha sido una barrera no menor, pero aun así deberíamos haber tenido una producción mayor.

Las universidades

La relación de la capacitación con las universidades tiene sus aristas particulares.

La identificación tan clara de un espacio del fenómeno educativo que llamamos capacitación debió ser acompañada por las casas de altos estudios, especialmente por aquellas facultades dedicadas a las ciencias de la educación. Sin embargo esto casi no sucedió. Su fuerte orientación a la educación formal dificultó la percepción de este espacio y sus fenómenos propios. Por supuesto que hay excepciones que confirman la regla, pero estas excepciones son más personas que instituciones.

Sin embargo, se produjeron dos fenómenos más o menos simultáneos en la relación entre la capacitación y las universidades: por un lado la llegada de la capacitación a las carreras universitarias vinculadas con el mundo de los negocios, y por el otro, la llegada de las universidades a la empresas como proveedores de capacitación.

Este fenómeno está íntimamente asociado con las universidades privadas, que dirigen buena parte de sus ofertas al segmento empresarial, en las que el área de la administración de los recursos humanos implicó la introducción de la problemática de la capacitación, junto con las de selección, remuneraciones, y otros temas afines.

Al principio, la capacitación no ocupaba mucho más que una unidad de la materia Recursos humanos, Relaciones del trabajo u otros nombres equivalentes, pero gradualmente fue adquiriendo importancia y en muchos casos, cuando estas materias llegaron a ser carreras, se instaló como una asignatura completa en todos los planes de estudio de administrción del mundo laboral, pero aún no existe una carrera o un posgrado en capacitación.

El otro fenómeno es el posicionamiento de las universidades como proveedores de capacitación a las empresas.

Los mismos establecimientos con fuerte orientación hacia el mundo empresarial diseñaron formas de oferta en temas especializados, como posgrados, maestrías, etc., dirigidas especialmente a los segmentos superiores de las empresas, como sus directores o gerentes.

A veces estas actividades son ofrecidas de forma abierta, otras veces se hacen a medida dentro de la universidad y otras veces *in company*.

Hay universidades que tomaron la precaución de poner a cargo profesionales con experiencia en gestiones de capacitación en empresas de primera línea y por lo tanto conocen la identidad de la capacitación "desde adentro". En general, sus servicios han sido más satisfactorios que los de aquellas que han sido menos cuidadosas en este aspecto.

La década de los '90

La regresión generalizada que se produjo en todas las actividades productivas, la expulsión de mano de obra y la inestabilidad laboral de la década de 1990 afectaron la actividad de capacitación tanto como a cualquier otro sector del mundo laboral.

En lo formal, se redujeron notablemente las estructuras internas, desaparecieron muchos centros de capacitación internos, o por lo menos se redujeron en gran medida, se suprimieron los puestos de niveles altos para los responsables de capacitación y en muchos casos la persona que quedaba a cargo de la cuestión debía atender otras responsabilidades como selección de personal, desarrollo, etc.

No obstante, y bastante paradójicamente, las empresas no pudieron eludir la resolución de sus necesidades de formación, por eso cambiaron la forma de hacerla: aumentó la tercerización, se trabajó más en los puestos de trabajo, se probaron alternativas más económicas y simples.

Si buscamos el lado bueno de las cosas, encontraremos que este período de profunda crisis que alcanzó su pico en los primeros años del siglo XXI, la capacitación maduró "a la fuerza" en varios aspectos.

Lo primero que se demostró es que aun en la peor de las condiciones, la gente debe trabajar y también debe aprender a hacerlo. Esta es una cuestión ineludible más allá de la forma que se adopte para encararla o del contexto que la contenga.

La crisis perfeccionó el concepto de necesidad de capacitación. Lo que se hacía, se hacía porque era evidentemente imprescindible. Se redujo hasta su casi eliminación ese sector de actividades de capacitación que nunca faltaron y cuyos aportes han sido por demás dudosos.

Obviamente, las pocas actividades de estas características que se abordaron, sufrieron críticas mucho más fuertes que en el pasado, y quienes las llevaron adelante pagaron un alto costo político.

Se redujeron gastos en cosas muy atractivas, pero que en ese contexto se veían como superfluas o prescindibles. Los costos bajaron.

La actividad se alineó mucho más con el negocio. Era inevitable. Los capacitadores aprendimos a sujetarnos a cierto pragmatismo que no debía significar empobrecimiento, y las circunstancias mucho más estrechas en las que debimos manejarnos nos enseñaron que había cosas que se podían hacer (y muy bien) aun con restricciones que, a primera vista, parecían constituir un imposible.

Este mismo escenario restó protagonismo a las áreas de capacitación y facilitó su posicionamiento dentro de las áreas de servicio, lo cual está muy lejos de ser algo malo. Por supuesto, esta condición trajo como consecuencia un compromiso mucho mayor de la línea en tanto era muy evidente que las actividades correspondían a sus necesidades.

Un buen ejemplo de esto fue el lanzamiento del sistema de jubilación privada a principios de la década. Una veintena de nuevas empresas debieron capacitar en poco tiempo a unos treinta mil vendedores sin experiencia para vender un producto desconocido y aún no definido, en un mercado inexistente y con estrategias inseguras. La cosa no salió tan mal y varios millones de personas ingresaron al sistema. Es un caso que por su tamaño y particularidad merece un estudio especial.

Este duro período se cierra con un episodio importante y lamentable. En agosto de 1999, sucede un accidente aéreo de una aerolínea privada argentina en el que mueren 65 personas. Entre los seis funcionarios de la empresa acusados ante la Justicia como responsables del accidente y posteriormente sometidos a juicio, figura la persona que estaba a cargo de la capacitación del personal.

Es la primera vez que la calidad de la capacitación que provee una empresa es puesta en tela de juicio en tan alto nivel y grado.

3.4. LA EXPANSIÓN DE LA CAPACITACIÓN

El primer episodio relatado en este libro, el más antiguo de los encontrados hasta hoy, nos ubica dentro de un esquema que se ha ido repitiendo: hay una organización que necesita hacer algo que la gente no sabe hacer... por lo tanto, ¡a capacitarla!

Los episodios de la segunda parte nos muestran la variedad de escenarios donde este mecanismo se ha reproducido. Son casos aislados, pero ilustrativos.

En la tercera parte, señalamos tres espacios donde la capacitación ha tenido un protagonismo muy especial: la formación en las industrias, las ventas y la formación en la tarea de conducir.

¿Es todo? De ninguna manera.

Mientras sucedían los episodios descriptos, sucedía también un fenómeno muy importante, tal vez tan importante como los relatados: la expansión de la capacitación.

La actividad de capacitación fue aflorando en lugares esperados e inesperados. Era lógico pensar que en algunos de ellos, como la actividad comercial o los servicios, esto iba a suceder; pero como siempre la realidad supera a la más amplia de las fantasías, fuimos descubriendo que la necesidad de aprender a trabajar se mostraba en sitios que pocos podrían haber imaginado.

De hecho, apareció en diferentes versiones, con sus propias características y sus matices, pero respondió al mismo esquema inicial: la necesidad de que alguien hiciera algo que no sabía hacer.

No tenemos muy claro el orden en que sucedió (tal vez no exista tal orden) pero podemos ubicar grandes espacios de la realidad laboral que merecen algún comentario. Estoy seguro de que, una vez más, seré injusto y dejaré afuera algo de importancia de manera involuntaria. Espero que otros autores puedan enriquecer esta aproximación.

Mencionaré aquí el papel de la capacitación en:

- ventas,
- empresas de servicio,
- la administración pública y
- organizaciones sin fines de lucro.

La capacitación en ventas

La complejidad creciente de los mercados comenzó a reclamar vendedores profesionales. La venta fue vista durante mucho tiempo como algo que dependía de ciertas capacidades innatas de ciertas personas muy especiales.

Es innegable que, como para cualquier cosa, también en la venta se necesita de cierta vocación y predisposición que es más notable en unos que en otros. Pero en algún momento se descubrió que un vendedor profesional era mucho más que un virtuoso dotado excepcionalmente y que dejar en manos de estos "seres especiales" negocios importantes significaba asumir demasiados riesgos.

La capacitación en ventas siempre tuvo tres canales ineludibles: conocer *qué* se vende, *a quién* y *cómo*.

La primera condición se cumplió de manera natural, puesto que es muy difícil que alguien pueda vender lo que no conoce, pero cuando este requerimiento alcanzó niveles profesionales, la cosa cambió y fue necesario desarrollar metodologías específicas para cubrir esta necesidad.

Este problema se volvió particularmente relevante cuando se comenzaron a vender servicios, lo que en la jerga del oficio se llama "intangibles". En otras palabras, algo que no existe, solo una promesa. El ejemplo más común es la venta de seguros, en la que solo se puede mostrar una póliza, que no es más que una "promesa escrita".

En cuanto a las habilidades vinculadas con el "cómo vender", hay mucho para decir. Al respecto aparecieron desde "fórmulas mágicas" que supuestamente permitían vender lo invendible, hasta los más serios trabajos que estudiaron con gran rigor las características de la venta profesional, en la cual existe un gran respeto por el cliente y una decisión seria de satisfacer sus necesidades.

Hubo (y hay) de todo. Lamentablemente este espacio se inundó con "recetas infalibles" o con intentos emocionales, que prevalecieron incluso en la llamada "literatura" de ventas que colecciona como pocas una serie interminable de superficialidades irresponsables.

Sin embargo, las empresas más serias supieron ubicarse en el enfoque más profesional.

En el capítulo dedicado a la formación media y superior (3.2) hice referencia a dos importantes antecedentes en este campo ubicados en las décadas de los '50-'60: los casos de Siam y de NCR. Pero la generalización de la capacitación comercial estructurada sucedió algo más tardíamente.

Entre todas las empresas (no pocas) que adoptaron esta línea, una se destacó de manera muy especial. Fue la compañía Xerox, que introdujo dos modelos muy serios y profesionales: el PSS (del inglés *Professional Selling Skills*, "destrezas de la venta profesional") y el SPIN (sigla compuesta con las iniciales de "Situación", "Problema", "Implicancia" y "Necesidad", que forman parte de una estrategia de entrevista comercial que usa cuatro formas de preguntas; esta metodología fue desarrollada por la firma inglesa Huthwaite Research Group en 1977).

El primero, desarrollado en los Estados Unidos en la década de los '60, demostró gran eficiencia en la venta de productos tangibles y el SPIN, creado en Inglaterra en la década de los '70, hizo lo propio en lo relativo a la venta de servicios.

Con posterioridad y con distintos nombres y variantes, estos dos modelos, ya fuera de Xerox, alcanzaron gran difusión hasta el día de hoy.

La capacitación en las empresas de servicio

Cuando las empresas de servicio ingresaron en un mercado altamente competitivo y con crecientes incorporaciones de tecnología, sobre todo la informática, se concretó con gran fuerza este espacio de la capacitación.

En ellas, especialmente en los bancos, se presentaron dos problemas no muy frecuentes en otras áreas: la gran dispersión geográfica y la constante modificación del régimen regulatorio de su actividad.

Esta particularidad obligó a buscar la forma de cubrir a poblaciones alejadas, que no se podían apartar de sus lugares de trabajo y a las que era muy difícil mantener actualizadas.

La tecnología informática por su lado, con sus propias demandas de capacitación, trajo oportunidades de solución y los bancos estuvieron entre los primeros en recurrir a diferentes opciones que cabrían dentro del *e-learning*, educación a distancia a través de Internet.

El fenómeno se reprodujo en compañías de seguros, otras empresas de la rama financiera, estaciones de servicio, las cadenas de supermercados o de venta de electrodomésticos, y el área de la salud, donde debieron resolverse algunos aspectos muy particulares.

Un requisito que no es exclusivo del sector servicios, pero es el más importante en el ámbito industrial, es la capacitación en actitudes.

Descubrimos que cuando lidiábamos con los conocimientos y con las habilidades nos arreglábamos bastante bien, pero esta cuestión sonaba muy diferente. La primera reacción fue "¿Se pueden 'enseñar' las actitudes?". El impulso era decir "No". Pero los demandantes eran demasiados y demasiado importantes como para hacerles semejante confesión. Entonces la respuesta fue: "Sí, pero de una manera singular".

Lo cierto es que esa "manera singular" formaba parte de las más espléndidas ignorancias de los capacitadores. Pero lentamente y con expectativas menos ambiciosas, el problema se fue resolviendo y ahora, cuando se nos pide una actividad de capacitación basada en actitudes, ya no perdemos el sueño como lo hacíamos entonces.

Vale aquí recordar el episodio de las vendedoras de Harrods de 1913 mencionado en la segunda parte y observar que el acento de la expectativa estaba puesto en actitudes que debían fomentarse en las empleadas. "¡Nada nuevo bajo el sol!"

La capacitación en la administración pública

Siendo el Estado en general y la administración pública en particular, ya sea a nivel nacional, como provincial o municipal, un ocupador importante de mano de obra, el problema de la capacitación de sus agentes se trató bastante tempranamente.

El caso más antiguo tratado en este libro, el de 1826, sucede dentro de la administración pública, aunque las cosas eran bastante distintas en ese entonces.

Resultaba por demás evidente que muchos de los criterios que hacían fuerte y eficiente a la capacitación en las organizaciones productivas no encontraban demasiado asidero dentro de la cultura de la administración pública.

Pocas veces como en este caso, vimos con todo su peso el hecho cierto de que cada cultura genera su propio sistema de aprendizaje. La cuestión era descubrirlo dentro de una cultura tan burocratizada como esta.

Lo cierto e innegable era la necesidad. Lo que se discutía (y discute) es cómo satisfacerla. No sorprendió demasiado la aparición por todas partes de áreas de capacitación. No debe existir ministerio o dependencia que, de alguna manera no contenga áreas de capacitación.

A nivel nacional se creó el INAP (Instituto Nacional de la Administración Pública), un organismo dedicado específicamente al problema. También las provincias más grandes desarrollaron sus equivalentes. Se hicieron decenas de congresos, jornadas y encuentros sobre la cuestión, que desde la visión de muchos aún no está plenamente resuelta.

Es verdad que existen áreas públicas donde la capacitación está instalada y presta adecuados servicios, pero en la mayoría de los casos y hasta el día de hoy, la función no tiene la fuerza que ha desarrollado en las empresas productivas o de servicio.

La capacitación en las organizaciones sin fines de lucro

¿Es posible incorporar a las organizaciones sin fines de lucro, como ONGS, clubes, sindicatos, partidos políticos, comunidades religiosas y otras semejantes, dentro de las que requieren capacitación?

Es un tema en debate. Pero es cierto que las ONGs y otras se van constituyendo en fuentes de trabajo. No son pocas las personas que trabajan allí cobrando sus sueldos y los especialistas anuncian que en los próximos años, serán importantes oferentes de empleo.

Podríamos considerar que quienes trabajan en entidades sin fines de lucro son iguales a cualquier otro, pero lo cierto es que, igual que en el caso de la administración pública, la cultura de estas organizaciones presenta características que obligan a un análisis más cuidadoso que aún no ha sido hecho exhaustivamente.

Estas organizaciones incorporan una variable distintiva muy importante: el voluntariado. La gran mayoría de los empleados a sueldo dependen de personas motivadas por sus creencias, convicciones, vocación, etc., y no funcionan como empresarios. Su compromiso con los resultados, sus formas de relación, sus sistemas de ingreso, permanencia y salida, y sus juegos políticos son distintos.

¿Influirá este factor tan decisivamente como para tener que repensar algunas cosas vinculadas con la capacitación de esos dirigentes?

He visto a gerentes de enormes clubes sufriendo a comisiones directivas caprichosas; he visto a voluntarias en la Casa Cuna que tienen que aprender a cambiar y alimentar a los bebés que allí se encuentran; he visto a grupos de jóvenes de fieles en misión tratando de que un grupo de indias entienda que tienen que hervir el agua del charco antes de dársela a beber a sus hijos. Usted podría agregar muchos ejemplos más.

Ni quiero mencionar a los directores técnicos de fútbol que tienen como "jefes" a los directivos del club, al líder de la "barra brava", a los representantes de los jugadores, al caudillo del equipo y hasta a la prensa especializada, todos los cuales les indican lo que tienen que hacer, y raramente coinciden. Me decía uno de ellos: "¡Qué felices son los gerentes de las empresas que tienen un solo jefe!". No sé si es cierto, pero es una apreciación atendible.

No podría contestar qué capacitación necesita un director técnico de fútbol, pero es evidente que este trabajador debe desarrollar habilidades muy especiales. Supongo que si le ofrezco tomar uno de los cursos de management que habitualmente hacemos en las empresas no le sería demasiado útil.

Todavía hay mucho por hacer.

EPÍLOGO

LA HISTORIA DEL FUTURO.
¿HASTA DÓNDE SE LLEGARÁ?

¿Se puede escribir la historia del futuro? En términos literales, ¡no!

Pero el hecho de haber transitado por más de 180 años de historia de la capacitación en la Argentina nos ayuda a pensar que, de alguna manera, es posible.

Lo es la medida en que todo futuro se construye en el presente y todo pasado alguna vez fue presente. Hoy estamos escribiendo con nuestras acciones y decisiones lo que algún autor alguna vez recogerá como historia.

Ignoro los nombres, episodios o circunstancias que se registrarán, pero buena parte están sucediendo en este momento. Somos inevitables actores de nuestra propia historia.

¿Qué se dirá de nosotros y de nuestra tarea? Como no lo sabemos, tratemos de hacerla lo mejor posible.

Cuando hace medio siglo empecé a trabajar en este tema, ni siquiera sabía que "esto" se llamaría "capacitación". Lejos estaba de mis posibilidades imaginar siquiera una parte ínfima de lo que he visto.

¿Cuántas cosas sucedieron a mi lado que ni siquiera advertí?

Hace unos años, durante el Congreso de Capacitación que ADCA realizó en Mendoza, después de la cena unos cuantos "veteranos" (designación ciertamente incómoda) estábamos tomando café. En esa mesa estaban, entre otros, Alcibíades Iranzo y Ernesto Gore, y un grupo de jóvenes que nos miraban raro. Como sucede en esos casos, Alcibíades y yo, que éramos los más veteranos de los veteranos reunidos, contábamos nuestras anécdotas. Una chica que nos escuchaba sorprendida dijo: "¡Qué suerte que tienen ustedes que les pasan tantas cosas!". Y Ernesto le respondió: "No, querida, a ellos les pasa lo mismo que a nosotros, lo que sucede es que se dan cuenta".

Fue una de los mejores elogios que recibí en mi vida profesional, por cierto exagerado e inmerecido. Pero Ernesto, mi querido colega y amigo, sabe tan bien como yo (y lo hemos hablado) que con seguridad son muchas más las cosas que nos pasaron y no nos dimos cuenta que las que advertimos. ¡Pero cuánto vale estar atentos!

Seguramente el futuro mostrará muchas más circunstancias, de las que ya pasaron y no nos dimos cuenta y de las que aún no sucedieron. Estas, en alguna medida, están en nuestras manos.

Lo único seguro es que la capacitación podrá mudar de formas, estrategias y contenidos. Podrá cambiar de criterios, prioridades y valor estratégico. Pero hasta el último día, en alguna parte, habrá alguna forma de organización que se disponga a hacer algo que nunca hizo y a partir de allí, alguien tendrá que hacer algo que no sabe hacer. Y una vez más, ese será nuestro lugar.

AGRADECIMIENTOS

Este libro no habría sido posible sin la colaboración de muchas personas, a quienes expreso mi más profundo agradecimiento. Sé que son más de los que figuran en la lista, donde solo menciono a quienes participaron de manera más directa en este trabajo en particular.

- Arq. Alberto S. J. de Paula
- Bibliotecario Nacional Alejandro Abate
- Dr. J. Martí
- Prof. Silvia Paradela
- Dr. José Luis Luna
- Sr. Angel N. Menéndez
- Dr. Pedro Luis Barcia
- Sr. Jorge Larroca
- Sr. Armando Vidal
- Prof. Sara Paladino de Blake
- Sr. Oscar Icatasciato
- Prof. Arnaldo J. Cunietti Ferrando
- Prof. Alfredo Caropresi Charras

- Sr. Luis Guruciaga
- Sra. Sara Blake de Jarmolich
- Lic. Silvana Bonavena
- Srta. Marianela Pensado
- Sr. Adolfo Alberto Ortiz
- Sr. Manuel González
- Sr. Alfonso Dell'Orto
- Sr. Raúl Sarraillet
- Sr. Néstor Brandoni
- Prof. Ernesto Gore
- Dr. Héctor Jasminoy
- Lic. Saturnino Herrero Mitjans
- Lic. Cristina Elsa Blake
- Lic. Aminta Freschi
- Prof. Aquilino González Podestá
- Sr. Carlos Nesci
- Lic. Liliana Bustos

Asimismo debo mencionar a las siguientes instituciones:

- Archivo General de la Nación
- Biblioteca Nacional
- Biblioteca de la Universidad de La Plata
- Museo "Arturo Jauretche"
- Museo del Banco de la Nación Argentina
- Sociedad Argentina de Numismática
- Secretaría de Cultura del Gobierno de la Ciudad de Buenos Aires
- Fundación EPSON
- Museo de la Casa Rosada
- Biblioteca del Museo de los Inmigrantes.
- Archivo de la Asociación de Desarrollo y Capacitación de la Argentina (ADCA)

- Centro de Informaciones de la Comisión Nacional de Comunicaciones
- Biblioteca del Correo
- Hemeroteca de la Universidad Nacional de La Plata
- Asociación de Amigos del Tranvía
- Museo Nacional Ferroviario